武装

減価償却

あいわ税理士法人 編

税理士 佐々木 みちよ

税理士 尾崎 真司

税理士 永沼 実

税務研究会出版局

はしがき

　新任経理・税務担当者にとっては、税金にまつわる用語に慣れるだけでも大変な労力を要するものです。ましてや、職場での会議が明日に迫っているような場面では、経理実務・税務実務の現場を、ぱっとイメージできるような何等かの手掛かりが、今すぐに欲しいと考えることでしょう。

　本書は、そういった方々に向けて、「減価償却に関連した基礎知識を習得（武装）して、明日の実務に即座に活かすための本」をテーマに執筆した入門書です。

　経理・税務担当者にとっては、自らの知識と経験こそが勝負の切り札です。必要な知識を習得し、経験を先取りすること、これを一冊で可能とする本をつくりたい、そんな思いで本書を執筆しました。

　本書では、減価償却資産の取得価額に関するルールと、取得価額により異なる取扱い、減価償却の方法と計算のしかた、資本的支出と修繕費、特別償却、圧縮記帳、償却資産税の申告など、減価償却資産にまつわるあらゆる項目について、図解により分かりやすく解説しています。実務で必要となる基礎的な項目は網羅し、各章の最後には、知識をより強固なものにするための確認テストとして「武装トレーニング」を掲載しています。

　また、随所に掲載している「実践への武装」では、日々生じる疑問を解決するヒントや、実務上の着眼点、発生しやすいミス、ミスの防止方法など、通常は経験を積むことでしか得られない活きた情報を、徹底的に現場目線で紹介しています。

明日の会議に備えて、関係する項目に目を通してみてください。会議での不安が払しょくでき、自らの発言に自信が持てるでしょう。思い切って一日で通読してみてください。減価償却資産に関連する実務の全体像がはっきりイメージできるでしょう。

　未来の一流経理担当者・税務専門家になっていく皆さまの、実務の第一歩として、本書がお役に立ちましたら幸いです。

　最後に本書の刊行にあたり、ご尽力いただきました税務研究会の堀直人氏に心からお礼を申し上げます。

令和3年3月　執筆者一同

※本書は、「即戦力への最短ルート　減価償却ナビ」を改訂し改題したものです。

さぁ、始めよう！

よろしくお願いします！

◆本書の構成◆

基本的に見開き１ページで１項目としています。
図表と文章で制度内容をわかりやすく解説しています。

ページの冒頭に、この項目のポイントをコンパクトにまとめています。

知識を実務に活かすための情報を「実践への武装」として掲載しています。

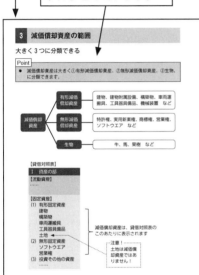

3 減価償却資産の範囲

大きく３つに分類できる

Point
● 減価償却資産は大きく①有形減価償却資産、②無形減価償却資産、③生物、に分類できます。

減価償却資産 ─ 有形減価償却資産 ── 建物、建物附属設備、構築物、車両運搬具、工具器具備品、機械装置 など

無形減価償却資産 ── 特許権、実用新案権、商標権、営業権、ソフトウエア など

生物 ── 牛、馬、果樹 など

【貸借対照表】
I 資産の部
【流動資産】
……
【固定資産】
(1) 有形固定資産
建物
構築物
車両運搬具
工具器具備品
土地
(2) 無形固定資産
ソフトウエア
営業権
(3) 投資その他の資産
……

減価償却資産は、貸借対照表のこのあたりに表示されます

注意！
土地は減価償却資産ではありません！

そもそもどんな資産が減価償却資産なの？

減価償却資産の代表例としては、建物、構築物、機械装置、車両運搬具、工具器具備品などの資産が挙げられます。これらを「有形減価償却資産」といいます。その他にも減価償却資産には、ソフトウエアや特許権、商標権、営業権などの目に見えない資産（無形減価償却資産）や、さらには牛や馬、果樹などの生物も含まれます。

使用や時の経過により価値が減少しないものは減価償却資産に該当しない

例えば、土地は、価格変動はあるものの使用や時の経過により価値が減少する資産ではないため、減価償却資産に該当しません。歴史的に希少価値のある古美術品も時の経過により価値が減少するものではないため、減価償却資産に該当しません。

また、法人の事業に使用していない資産も減価償却資産ではありません。例えば、稼働を休止して倉庫に保管している機械装置、建設中の建物、購入しただけで使用を開始していない器具備品等がこれに該当します。

実践への武装 ★★★

棚卸資産と減価償却資産の違い

機械装置を製造販売している法人にとって、その機械装置は「棚卸資産」です。この場合、販売した時点での機械装置の製造原価を売上原価として費用計上します。一方、その機械装置を購入して工場で使用している法人にとっては「減価償却資産」です。減価償却資産の場合は減価償却費の計上により徐々に費用化していきます。同じ機械装置でも、その機械装置を所有する目的によって費用計上の仕方が異なるわけです。

6   7

もっと知りたい！ 資産計上すべきものを費用計上してしまった場合

器具備品として資産計上すべきものを消耗品費に計上したり、資本的支出として資産計上すべきものを修繕費に計上した（資本的支出については第Ⅶ章参照）などの誤りが期中に判明した場合、まずは会計処理の修正を検討します。しかし、特に上場会社等の場合、この処理が必ずしも誤りという判断にならないこともあり、会計処理を修正しないこともあり得ます。

その場合は、消耗品費又は修繕費に計上した金額のうち税務上の償却限度額を超える部分の金額が償却超過額となり、前頁と同様の調整を行います。

もっと知りたい！ 「加算調整」「減算調整」とは？

会計上の儲けである「当期純利益」は、適正な期間損益計算を目的として計算されるもので、損益計算書において「収益」から「費用」を差し引いて計算します。一方、法人税法上の儲けである「所

「もっと知りたい！」は、やや難易度が高い内容です。更なるステップアップを目指す方が知りたい内容を、ズバリ解説しています。

目　次

第Ⅰ章　はじめに

1 減価償却とは

2 減価償却に関する税務上のルール

3 減価償却資産の範囲

4 減価償却資産に関する検討項目

実践への武装

第Ⅱ章 取得価額

1 取得価額に含まれるもの

2 取得価額に含めなくてもよい付随費用

実践への武装

実践への武装

第Ⅳ章　リース資産

1　リースとは

2　デジタル複合機のリース―所有権移転外ファイナンスリース

3　自動車のリース―オペレーティングリース

4　リース取引の会計処理

5　リース資産の償却方法―リース期間定額法

第Ⅵ章　圧縮記帳

第Ⅶ章　資本的支出と修繕費

1 資本的支出とは

実践への武装

第Ⅷ章　評価損

実践への武装

第ⅩⅠ章　固定資産台帳

実践への武装

第ⅩⅡ章　今後のステップアップのために　　～税制改正に注目しよう～

武装トレーニング　解答

巻末資料

第Ⅰ章

はじめに

1 減価償却とは

資産の価値が減少した分を費用にすること

Point
- 建物や車両などの資産の購入代金は、購入時に全額費用にすることはできません。使用することによって、または、時の経過により、その資産の価値が減少した分を徐々に費用にしていきます。
- これを「減価償却」と呼びます。

購入代金300万円　　➡　　購入時に
全額費用にはならない！

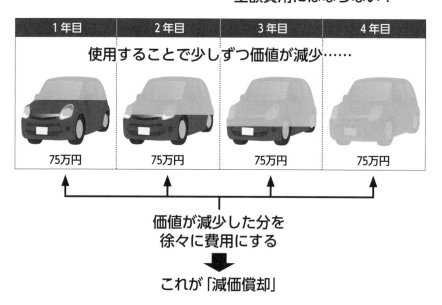

1年目	2年目	3年目	4年目

使用することで少しずつ価値が減少……

75万円　75万円　75万円　75万円

価値が減少した分を
徐々に費用にする

これが「減価償却」

費用が大きいと…法人税が少なくなる

　法人の利益に対しては法人税がかかります。法人の利益は収益から費用を差し引いて計算します。費用が大きければ利益が減少するので、法人税の負担も少なくなるという仕組みです。

資産の購入代金は支出時に費用処理できない

　事業に必要な建物や機械装置の購入には多額の資金が必要になります。購入代金が費用になるから税金が減って助かる……と思いたいところですが、実際はそんなに上手くはいきません。事業に必要な資産は取得後数年又は数十年にわたって使用されるものであるため、購入時に一括して費用処理することはできないのです。購入後すぐに消費される消耗品と同様に取り扱うわけにはいかないということです。

ずっと費用にならないの？

　かといって永久に費用にならないわけではありません。これらの資産は、法人の事業のために使用することにより、又は時の経過により劣化し、資産価値が徐々に減少していきます。したがって、その資産を使用できる年数にわたってその資産価値の減少分を費用に計上していくという考え方がとられています。このように費用化していくことを「減価償却」といい、減価償却により計上される費用のことを「減価償却費」、減価償却により費用化される資産のことを「減価償却資産」と呼んでいます。

なるほど！

少しずつ費用にするのか！

2　減価償却に関する税務上のルール

減価償却費には限度額がある

> **Point**
> - 減価償却費は、何のルールもなく無制限に計上が認められるわけではありません。
> - 税務上は、減価償却できる限度額（＝償却限度額）に関して細かいルールが定められています。

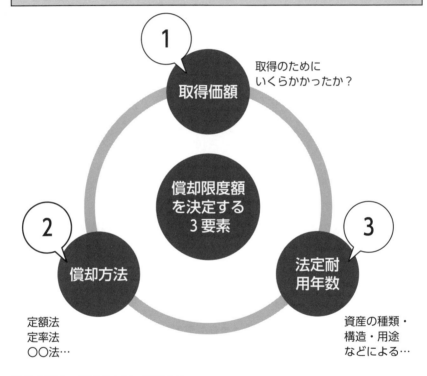

1 取得価額　取得のためにいくらかかったか？

償却限度額を決定する3要素

2 償却方法
定額法
定率法
〇〇法…

3 法定耐用年数
資産の種類・構造・用途などによる…

【例】定額法の償却限度額の計算方法

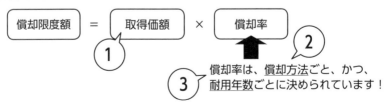

償却限度額　＝　取得価額　×　償却率

1

2 償却率は、償却方法ごと、かつ、耐用年数ごとに決められています！

3

減価償却費には限度額がある

法人が獲得した利益のことを税法の用語では「所得金額」といいます。所得金額は益金から損金を差し引いて計算します（p.64参照）。法人税は、この所得金額に税率を乗じて計算します。

所得金額の計算式	所得金額　＝　益金　－　損金
法人税の計算式	所得金額　×　税率　＝　法人税額

法人税の規定では、"公平に課税を行う"という観点から損金とできる範囲に一定の制限を設けています。減価償却費に関しては、税務上の「償却限度額」までの金額が損金にできることとされています。

償却限度額を計算するための3要素

税務上の償却限度額は、次の3要素により計算することができます。

①取得価額	②償却方法	③法定耐用年数

① **取得価額（詳細は第Ⅱ章参照）**

その資産を取得・使用するために支出した金額をいいます。その資産の使用可能期間にわたり費用計上される総額を意味します。

② **償却方法（詳細は第Ⅲ章参照）**

定額法や定率法などと呼ばれるもので、どんなペースで減価償却費を計上するかを定めたものです。

③ **法定耐用年数（詳細は第Ⅲ章参照）**

資産の使用可能期間のことを耐用年数といい、減価償却費は耐用年数にわたって計上していきます。同じ種類の資産を同じ用途に使用した場合は、どの法人でも減価償却費が同額になるように、税務上は、資産の種類・構造・用途などに基づき画一的に耐用年数を定めています。この、税務上定めている耐用年数のことを「法定耐用年数」といいます。

3 　減価償却資産の範囲

大きく3つに分類できる

Point
- 減価償却資産は大きく①有形減価償却資産、②無形減価償却資産、③生物、に分類できます。

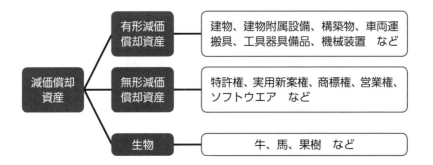

```
減価償却
資産
 ┣ 有形減価   建物、建物附属設備、構築物、車両運
 ┃ 償却資産   搬具、工具器具備品、機械装置　など
 ┣ 無形減価   特許権、実用新案権、商標権、営業権、
 ┃ 償却資産   ソフトウエア　など
 ┗ 生物       牛、馬、果樹　など
```

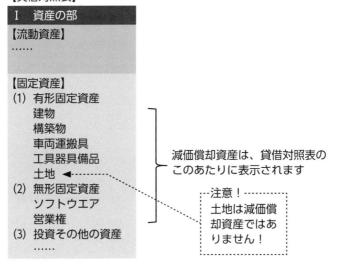

【貸借対照表】

Ⅰ　資産の部
【流動資産】
……

【固定資産】
(1) 有形固定資産
　　建物
　　構築物
　　車両運搬具
　　工具器具備品
　　土地 ◀
(2) 無形固定資産
　　ソフトウエア
　　営業権
(3) 投資その他の資産
　　……

減価償却資産は、貸借対照表の
このあたりに表示されます

注意！
土地は減価償
却資産ではあ
りません！

■ そもそもどんな資産が減価償却資産なの？

　減価償却資産の代表例としては、建物、構築物、機械装置、車両運搬具、工具器具備品などの資産が挙げられます。これらを「有形減価償却資産」といいます。その他にも減価償却資産には、ソフトウエアや特許権、商標権、営業権などの目に見えない資産（無形減価償却資産）や、さらには牛や馬、果樹などの生物も含まれます。

■ 使用や時の経過により価値が減少しないものは減価償却資産に該当しない

　例えば、土地は、価格変動はあるものの使用や時の経過により価値が減少する資産ではないため、減価償却資産に該当しません。歴史的に希少価値のある古美術品も時の経過により価値が減少するものではないため、減価償却資産には該当しません。

　また、法人の事業のために使用していない資産も減価償却資産ではありません。例えば、稼働を休止して倉庫に保管している機械装置、建設中の建物、購入しただけで使用を開始していない器具備品等がこれに該当します。

実践への武装

棚卸資産と減価償却資産の違い

　機械装置を製造販売している法人にとって、その機械装置は「棚卸資産」です。この場合、販売した時点でその機械装置の製造原価を売上原価として費用計上します。一方、その機械装置を購入して工場で使用している法人にとっては「減価償却資産」です。減価償却資産の場合は減価償却費の計上により徐々に費用化していきます。同じ機械装置でも、その機械装置を所有する目的によって費用計上の仕方が異なるわけです。

4　減価償却資産に関する検討項目

フェーズごとに様々な留意点がある

Point
- 減価償却資産に関して検討すべき項目は、取得・使用・修繕・除却など、フェーズ別に多岐にわたります。
- 所有期間全般にわたる実務上の留意点もあります。

減価償却資産のフェーズ別検討項目		本書の解説
取得した時	●取得価額はいくら？ ●取得価額により取扱いは異なる？	第Ⅱ章　取得価額
使用中	●減価償却費はいくら計上する？	第Ⅲ章　減価償却
使用中	●リース資産はどう処理する？	第Ⅳ章　リース資産
使用中	●特別償却できる？	第Ⅴ章　特別償却
使用中	●圧縮損は計上できる？	第Ⅵ章　圧縮記帳
壊れた時 修理する時	●修繕費になる？　資産計上すべき？	第Ⅶ章　資本的支出 と修繕費
壊れた時 修理する時	●評価損は計上できる？	第Ⅷ章　評価損
除却する時	●除却損計上のタイミングは？	第Ⅸ章　除却損

所有期間全般にわたる実務上の留意点		本書の解説
税金	●減価償却資産を所有することで課せられる税金は？	第Ⅹ章　償却資産税
固定資産 台帳	●減価償却資産のあらゆる情報を管理！	第ⅩⅠ章　固定資産 台帳

減価償却資産にはフェーズごとに様々な検討項目がある

　償却限度額の算出のためには取得価額・償却方法・法定耐用年数が必要ですが、それ以外にも、減価償却資産には取得・使用・修繕・除却などのフェーズごとに様々な検討項目があります。いずれも法人の所得金額の計算や納税額に影響を及ぼす重要な項目ばかりです。

　これらの項目を整理した上で、法人が所有する減価償却資産のあらゆる情報を登録し、管理していくのが固定資産台帳です。減価償却資産を所有していると「償却資産税」という税金が課されますが、この償却資産税の申告書も固定資産台帳から作成します。

　法人の経理・税務業務に初めて携わることになった方は、最初の仕事として固定資産台帳の管理を任されることも多いです。固定資産台帳への登録は、減価償却費の経理処理や法人税申告書の作成、さらには税負担に直接関係する重要な業務です。本書では、経理・税務初心者の方がこのような業務を任されても戸惑うことのないように、減価償却資産にまつわるあらゆる論点を網羅して解説していきます。

固定資産台帳…
任されるのかな？

第Ⅰ章　武装トレーニング　➡解答p.156

1．法人税の規定では、減価償却費として計上した金額は、（　　　　　　）
損金にできる。

　　①　無制限に　　②　償却限度額まで

2．減価償却資産に該当しないものは?

　　①　建物　　②　商標権　　③　土地

第Ⅱ章

取得価額

1　取得価額に含まれるもの

償却限度額を決める要素①「取得価額」

①取得価額	②償却方法	③法定耐用年数

Point

● 購入代金だけが取得価額ではありません。減価償却資産を手に入れるために要したあらゆる費用と、法人の事業に使用するためにかかった費用の合計額が取得価額となります。

【減価償却資産の取得価額】

(1) 購入した場合

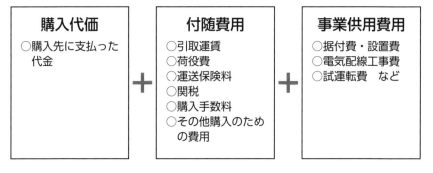

購入代価		付随費用		事業供用費用
○購入先に支払った　代金	＋	○引取運賃 ○荷役費 ○運送保険料 ○関税 ○購入手数料 ○その他購入のための費用	＋	○据付費・設置費 ○電気配線工事費 ○試運転費　など

(2) 自己で建設、製作、製造した場合

建設・製作・製造の原価		事業供用費用
○原材料費　○労務費　○経費	＋	○据付費・設置費 ○電気配線工事費 ○試運転費　など

購入代金だけじゃないんですね…

付随費用などを取得価額に含めないで費用処理してしまう誤りがとても多いから、注意しよう

償却限度額計算の３要素

税務上の償却限度額は、次の３要素により計算することができます。

①取得価額	②償却方法	③法定耐用年数

ここでは、①取得価額について解説します。

購入した減価償却資産の取得価額に含まれるもの

　例えば機械装置を購入した場合の取得価額は、購入代金だけではありません。購入時に負担した引取運賃や運送保険料等（これらを付随費用といいます。）のほか、その機械装置を稼働させるための配線工事費や試運転費（これらを事業供用費用といいます。）も取得価額に含まれます。

　つまり、減価償却資産を手に入れるために要したあらゆる費用と、法人の事業に使用するためにかかった費用の合計額が取得価額となります。

自社で製造等した減価償却資産の取得価額を構成するもの

　自社で製造した機械装置や自社で建設した建物の取得価額は、製造や建設に要した原価の額（原材料費・労務費・経費の合計額）と、事業供用費用の合計額になります。

実践への武装

建物の購入価額が土地の取得価額になることもある！

　土地（１億円）と建物（２千万円）を購入しました。もともと土地だけが欲しかったのですが、建物と一緒でないと売ってもらえなかったので仕方なく建物も購入し、購入後すぐに建物は取り壊しました。この場合、建物の購入費用２千万円は建物の取得価額にはなりません。土地を取得するために支出したものであるため、土地の取得価額になります。加えて、建物の取壊費用も土地の取得価額になります。"何のために支出した金額か？"という視点で判定することに注意が必要です。

2　取得価額に含めなくてもよい付随費用

取得に関連する費用でも取得価額にしなくてよいものがある

> **Point**
> ● 不動産取得税や登録免許税、登記手数料、借入金利子などは、法人の選択により費用処理することができます。

【建物の取得価額になるのはどれ？】

取得価額に
算入

購入代金

未経過
固定資産税

仲介手数料

取得価額に算
入しなくても
よい※

※法人の選択により
　取得価額に算入し
　てもよい

借入金利子
（建物使用開始
前の期間に係
るもの）

登録免許税
登記手数料

不動産
取得税

そもそも取得
のための費用
でない

取得後の
固定資産税

→　支出のタイミング

取得価額に含めなくてもよい付随費用

　原則としては、減価償却資産を手に入れるために要したあらゆる費用を取得価額に算入するという考え方がとられていますが、取得に関連する費用であっても次のような費用は、取得価額に算入せずに費用処理してよいこととされています。

◆土地・建物を取得した場合に課せられる不動産取得税

◆登記のための登録免許税や司法書士報酬

◆資産を取得するための借入金の利子のうち、使用開始までの期間に係る部分の金額※

※使用開始後の期間に係る部分は時の経過に応じて費用処理します。

実践への武装

未経過固定資産税は取得価額になる

　土地や建物を売買するとき、売主と買主の間で未経過固定資産税の精算を行うことが通常です。固定資産税は土地建物の所有にかかる税金で、年に一度、1月1日現在の所有者にその年分の納税義務が課せられます。仮に×1年1月2日に土地建物を売買した場合、×1年分の固定資産税は売主に課せられますが、×1年において土地建物を実際に所有するのは買主です。売主にしてみれば固定資産税は全額買主に負担してもらいたいわけで、これを売買代金とともに授受するのが未経過固定資産税の精算といわれるものです。

　ここで注意が必要なのは買主側の処理です。この精算金は固定資産税そのものではなく、売買代金の調整金という意味合いのものですから、買主側は購入した土地建物の取得価額に算入することになります。

実践への武装

起工式・上棟式の費用と落成式の費用

　建物新築の際の付随費用のうち、起工式・上棟式のように建物の完成までに支出する費用は、付随費用として取得価額に算入します。一方、建物完成後に支出する落成式の費用などの事後的な費用は、取得価額に算入しなくてもよいこととされています。

3　複数の資産に共通する付随費用の按分計算

共通費用は各資産に振り分ける

Point
● 複数の資産に共通する付随費用や一括して値引きされた金額は、購入代金等の比で按分して各資産に振り分けます。

【例】共通経費の按分計算

(単位：円)

	請求金額	共通経費	共通経費の按分	共通経費按分後の金額
①電気設備工事	1,800,000		※180,000	1,980,000
②給排水設備工事	800,000		80,000	880,000
③冷暖房設備工事	400,000		40,000	440,000
④工事共通諸経費		300,000		
合　計	3,000,000	300,000	300,000	3,300,000

※共通経費30万円×180万円／300万円（その他の資産も同様に計算）

【例】一括値引額の按分計算

(単位：円)

	請求金額	一括値引	一括値引の按分	値引額按分後の金額
①電気設備工事	1,800,000		※△90,000	1,710,000
②給排水設備工事	800,000		△40,000	760,000
③冷暖房設備工事	400,000		△20,000	380,000
④一括値引		△150,000		
合　計	3,000,000	△150,000	△150,000	2,850,000

※一括値引15万円×180万円／300万円（その他の資産も同様に計算）

付随費用等の按分計算

　複数の減価償却資産を同時に取得すると、共通の付随費用や事業供用費用が発生することがあります。これらの費用は、取得した資産の購入代金の比や価格の比等で按分して、各資産に振り分ける必要があります。

　事務所や店舗等の内装工事を行う際の共通経費、複数の機械装置を一括購入した場合の設置工事代金、土地建物を一括購入した場合の仲介手数料等、実務上、按分計算する場面は意外に多いのです。全資産に係る付随費用と、一部の資産のみに係る付随費用があるようなケースでは、複数回の按分計算が必要になることもあります。

一括値引額も按分する

　値引額も、複数の資産にまたがるものであれば按分計算を行います。

按分はちょっと大変だ…

実践への武装

税込経理・税抜経理で取得価額が変わる！

　法人が消費税の経理方法として税抜経理を採用している場合は、減価償却資産の取得価額も税抜金額になります。したがって、購入代金も付随費用も税抜金額にした上で合計します。付随費用の按分計算が必要ならば、按分の元となる共通費用も税抜金額にしてから計算を行います。
　一方、税込経理を採用している場合の取得価額は税込金額を基に計算します。税込経理の場合はあらゆる費用が税込金額で計上されますから、減価償却費も税込取得価額に基づいて計算するということです。

4　取得価額により異なる取扱い

10万円未満・20万円未満・30万円未満がポイント

Point
● 取得価額によっては、事業の用に供した時に一時の損金にできるものや、簡便的に3年間で損金算入できるものがあります。

取得価額	取扱い		償却資産税
10万円未満	少額減価償却資産	全額一時に損金算入できる	対象外
20万円未満	一括償却資産	取得価額の1/3ずつ3年間で損金算入できる	対象外
20万円以上	通常の減価償却資産	資産に計上して、減価償却で費用化する	対　象
30万円未満（中小企業のみ）	中小企業者等の少額減価償却資産の特例	取得価額の合計額が年300万円に達するまでの金額は損金算入できる	対　象

 Q 「事業の用に供する」とは？

 A 法人が減価償却資産を自社の事業のために使用することをいいます（p.46参照）。

 この区分は実務で頻繁にでてくるぞ

損金になる金額が大きいほど法人税は少なくなる。損金にすることを「損金に算入する」ということがあるので覚えておこう

すべての法人に適用があるもの

　取得価額が少額な資産もすべて固定資産台帳に登録して管理し、減価償却を行っていくのは法人にとって非常に負荷の重い作業です。そこで、取得価額が10万円未満の資産は事業の用に供した時に損金算入できるとか、取得価額が20万円未満の資産は簡便的な方法により3年間で損金算入できるという方法が認められています（詳細はp.20、p.22参照）。

中小企業にのみ適用があるもの

　大企業に比べて財務基盤が弱いと考えられる中小企業に対しては、取得価額が30万円未満の資産を事業の用に供した時に損金算入できるという税制上の優遇措置が設けられています（詳細はp.24参照）。

取得価額の判定単位

　その資産の取得価額が10万円未満か、20万円未満か、30万円未満かという金額判定は、1台、1セット、1基といった通常の一取引単位ごとに行うこととされています。例えばテーブルと椅子がセットで販売される応接セットはセット全体で金額判定を行います。カーテンは、通常は1枚で機能するものではなく1つの部屋で数枚が組み合わされて機能するものであるため、部屋ごとにその合計額で取得価額の判定を行います。

実践への武装
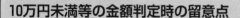

10万円未満等の金額判定時の留意点

　10万円未満、20万円未満、30万円未満といった金額判定は、付随費用や事業供用費用を上乗せした後の取得価額で判定します。購入代金だけで判定してしまう誤りが非常に多いので注意しましょう。また、法人が消費税の経理方法として税抜経理を採用している場合はこれらの金額判定も税抜金額で判定し、税込経理を採用している場合は税込金額で判定します。例えば、税抜経理の場合は税抜取得価額が10万円未満のものが一時の損金になり、税込経理の場合は税込取得価額が10万円未満のものが一時の損金になります。

5　取得価額10万円未満の資産（少額減価償却資産）

事業供用時の損金にできる

Point
- 取得価額が10万円未満の資産は「少額減価償却資産」として全額事業の用に供した事業年度の損金にできます。

取得価額	取扱い		償却資産税
10万円未満	少額減価償却資産	全額一時に損金算入できる（損金経理（p.56）が要件）	対象外

実務上のポイント
① 取得価額が10万円未満であれば事業供用時の損金にしてもよいが、通常の減価償却資産として資産計上し、耐用年数を通じて減価償却をしてもよい。つまり法人の選択制。
② その事業年度に取得した取得価額10万円未満の資産の一部のみ少額減価償却資産としてもよい。
③ 事業の用に供した事業年度に損金算入できる。取得しても使用していないものは単なる貯蔵品。
④ 少額減価償却資産としたものは償却資産税の対象外となる。
⑤ 少額減価償却資産には、その資産の使用可能期間※が1年未満のものも含まれる（取得価額がいくらであっても）。 ※使用可能期間は、その法人の平均的な使用状況等を考慮して判断する。

10万円未満は全額損金だ！

全額一時の損金になる「少額減価償却資産」

　取得価額10万円未満の減価償却資産は、事業の用に供した時に損金に算入することができます。資産の種類が何であれ法定耐用年数が何年であれ、一時の損金にできるわけです。これを「少額減価償却資産」と呼んでいます。

一時の損金にするかどうかは選択性

　もちろん原則通り、一旦資産計上して耐用年数にわたって減価償却してもよいのですが、このような少額な資産を固定資産台帳で管理することは煩わしいですし、何しろ一時の損金にできれば節税効果もあるので、ほとんどの法人が少額減価償却資産として一時の損金としています。

実践への武装

事業の用に供していないと損金にならない

　少額減価償却資産は、通常、会計処理として消耗品費などに計上します。しかし、その資産を事業の用に供していなければ損金にすることはできません。使用していないということは単なる"貯蔵品"であり、そもそも消耗品費勘定に計上することが誤りです。決算対策として期末ぎりぎりに10万円未満の資産を大量に購入しても、決算日時点で事業の用に供していなければ全く決算対策にはならないということです。減価償却資産の取扱いを考える上では"事業の用に供しているか"という視点が非常に重要なのです。

実践への武装

少額な資産と償却資産税との関係

　一時の損金とした少額減価償却資産や次頁で解説する一括償却資産とすることを選択した資産は、償却資産税の対象になりません（償却資産税は第X章参照）。一方、原則通り資産計上して減価償却していくことを選択すると、その資産は償却資産税の対象になります。これは大きな違いです。この点からも20万円未満の資産は少額減価償却資産か一括償却資産としている法人がほとんどなのです。

6　取得価額20万円未満の資産（一括償却資産）

3年間で損金にできる

Point
- 取得価額が20万円未満の資産は「一括償却資産」として、事業の用に供した事業年度から3年間で損金にできます。

取得価額	取扱い		償却資産税
20万円未満	一括償却資産	取得価額の1/3ずつ3年間で損金算入できる（損金経理（p.56）が要件）	対象外

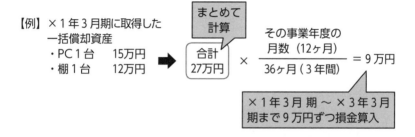

【例】×1年3月期に取得した
一括償却資産
・PC1台　　15万円
・棚1台　　12万円

まとめて計算

合計27万円 × （その事業年度の月数（12ヶ月））／（36ヶ月（3年間）） ＝ 9万円

×1年3月期 ～ ×3年3月期まで9万円ずつ損金算入

実務上のポイント
① 取得価額が20万円未満であれば一括償却資産としてもよいが、通常の減価償却資産として資産計上し、耐用年数を通じて減価償却をしてもよい。つまり法人の選択制。
② その事業年度に取得した取得価額20万円未満の資産の一部のみ一括償却資産としてもよい。
③ 期中に取得しても取得価額×1/3を損金算入できる。
④ 事業の用に供した事業年度から損金算入できる。取得しても使用していないものは単なる貯蔵品。
⑤ 一括償却資産としたものは償却資産税の対象外となる。

■ 3年間で損金にできる「一括償却資産」

　取得価額が20万円未満の資産は事業の用に供した事業年度から3年間で損金にできます。この取扱いを受ける資産のことを「一括償却資産」といいます。これは、「10万円を超えるのでさすがに一時の損金にはできないけれども、20万円未満という比較的少額な資産ならば、個々の資産を固定資産台帳で管理する手間はかからないようにしましょう」という制度です。

■ "かご" の中に入れるから "一括" 償却資産

　この制度は、その事業年度に取得した取得価額20万円未満の資産すべてをひとつの "かご" の中に入れて、"かご" の中の資産の取得価額を合計し、その合計額の1/3ずつをその事業年度から3年間で損金に算入します、という制度です。"かご" に入れた資産を一括りにして管理するということから "一括" 償却資産と呼ばれています。

　各資産は "かご" に入れた瞬間から個別管理しなくてもよいことになります。したがって、期首に取得した資産も期末間際に取得した資産も関係なく、取得価額の1/3ずつを各事業年度の損金に算入します。

実践への武装

一括償却資産を除却・売却した場合

　一括償却資産とすることを選択した資産は、その後除却や売却をした場合であっても除却損や売却損を計上することはできません。3年間で損金算入する処理を続けることになります。

　一括償却資産にするということは、"かご" の中に入れて個々の資産としての管理をしないことを選択したということですから、その後除却や売却をしても個々の資産として除却損や売却損の計上はできないというわけです。

7　取得価額30万円未満の資産（中小企業のみ）

中小企業限定で事業供用時の損金にできる

Point
● 中小企業は取得価額が30万円未満の資産を一時の損金にできます。
● この制度は「中小企業者等の少額減価償却資産の特例」と呼ばれています。取得価額10万円未満の「少額減価償却資産」と混同しないようにしましょう。

取得価額	取扱い		償却資産税
30万円未満 （中小企業のみ）	中小企業者等の少額減価償却資産の特例	取得価額の合計額が年300万円に達するまでの金額は損金算入できる（損金経理（p.56）が要件）	対　象

適用が受けられる法人

●青色申告をしていること
●資本金が１億円以下の中小企業※であること
●従業員数が５百人以下であること
　※大規模法人（資本金が１億円超の法人、資本金が５億円以上の法人の100％子会社など）１社に発行済株式の１／２以上を所有されている法人や、複数の大規模法人に発行済株式の２／３以上を所有されている法人、所得金額が過去３年間の平均で15億円超の法人は除く

実務上のポイント	
①	取得価額が30万円未満であればこの制度の対象としてもよいが、通常の減価償却資産として資産計上し、耐用年数を通じて減価償却をしてもよい。つまり法人の選択制。
②	その事業年度に取得した取得価額30万円未満の資産の一部のみこの制度の対象としてもよい。
③	事業の用に供した事業年度に損金算入できるが、損金算入できる限度額は300万円（12ヶ月決算法人の場合）
④	この制度の対象としたものは通常の減価償却資産同様、償却資産税の対象となる。

中小企業だけの特例

　大企業に比べて財務基盤が弱いと考えられる中小企業に対しては、取得価額が30万円未満の資産を事業の用に供した時に損金算入してもよいという税制上の優遇措置が設けられています。ただし、一事業年度で損金算入できる金額の上限は300万円と決められています。

償却資産税の対象にはなる！

　この特例の適用を受けて事業の用に供した事業年度の損金とした場合であっても、償却資産税の対象にはなります（償却資産税は第Ｘ章参照）。

実践への武装

中小特例にする？　一括償却資産にする？

　この特例の対象資産は取得価額が30万円未満のものですから、取得価額が20万円未満の資産については一括償却資産とすることを選択することも可能です。この特例の対象にすれば一時の損金になり、一括償却資産とすれば3年間で損金になる。ではどっちにするか？　この特例と一括償却資産では一つ決定的に異なることがあります。それは償却資産税の対象になるかどうか。一括償却資産は償却資産税の対象にならないのに対して、この特例の適用を受ける資産は償却資産税の対象になります。したがって償却資産税を支払っている法人は一括償却資産を選択した方がトータルの税負担としてはお得なのです。

実践への武装

中小特例の資産が300万円を超えた場合のテクニック

　一事業年度で300万円を超えて対象資産を取得した場合、どの資産から優先的にこの特例を適用するか？　期首から計上していって300万円を超えるまで？　いえ、違います。300万円を超えた分は通常の減価償却資産として取り扱うことになるので、なるべく法定耐用年数の長い資産についてこの特例を選択した方が、その事業年度の損金算入額が大きくなります。

実践への武装

どの勘定科目に計上する？

① 少額減価償却資産（取得価額10万円未満）

費用計上する勘定科目は、消耗品費や少額備品費が使用されることが多いです。

② 一括償却資産（取得価額20万円未満）

一括償却資産の計上方法は以下の2通りがあります。

（a）資産計上

固定資産の部に一括償却資産勘定を設けて取得時に一旦資産計上し、各事業年度で1/3ずつ減価償却費に振り替える方法です。

（b）費用計上

取得時に消耗品費や少額備品費に計上する方法です。取得事業年度に損金に算入できる金額は取得価額合計の1/3ですから、2/3は費用計上し過ぎの状態になります。これを税務上は「加算調整」し、その後の二事業年度で1/3ずつ「減算調整」します（「加算調整」「減算調整」はp.64参照）。計上する費用科目に「一括償却資産」のような補助科目を設けると、加算調整の対象とする金額が一目瞭然になり、集計の際に誤りが少なくなります。

なお、一括償却資産として損金算入する金額がある場合は、法人税申告書に別表16（8）を添付しなければなりません（別表についてはp.58参照）。この別表には、その事業年度に取得した一括償却資産の取得価額合計を記載することになるため、上記いずれの方法を採用する場合でも各事業年度の取得価額合計は管理できるようにしておく必要があります。

③ 中小企業者等の少額減価償却資産の特例の対象資産（取得価額30万円未満）

費用計上する勘定科目は、消耗品費や少額備品費が使用されることが多いです。

この特例の対象とした資産がある場合は、法人税申告書に別表16（7）を添付しなければなりません（別表についてはp.58参照）。この別表には、対象とした各資産の種類や取得価額を記載することになるため、これらの内容が管理できるようにしておく必要があります。計上する費用科目に「中小少額」のような補助科目を設けると便利でしょう。

実践への武装

損金算入するためには費用計上が必要

　少額減価償却資産・一括償却資産・中小企業者等の少額減価償却資産の特例いずれの制度においても、損金算入する金額は損益計算書で費用計上している必要があります。たとえ10万円未満の資産であっても、費用計上しなければ損金にはなりません。このことを「損金経理要件※」といいます。

　このように減価償却関連の制度では、損金経理しているか否かが非常に重要な意味を持ちます。

※損金経理要件の詳細はp.56を参照してください。

損益計算書で費用計上しないと、損金にならないのか……

実践への武装

建設中の建物（建設仮勘定）

　資産を購入する場合には、購入と引き換えに代金を支払いますが、建物を建設する場合には、建設の開始から完成、引き渡しまで長期間かかりますので、建物が完成する前に建設代金の一部を前もって支払うことが慣習となっています。建物の完成前に支払う代金は、「建物」ではなく「建設仮勘定」という勘定科目に計上します。この「建設仮勘定」の金額は、建物が完成し引き渡しを受けた時に「建物」に振り替えますが、この時が減価償却資産の取得の時ということになります。制作中のソフトウエアについても、「ソフトウエア仮勘定」という勘定科目を使って同様の処理を行う場合があります。

第Ⅱ章　武装トレーニング　→解答p.157

1. 減価償却資産を購入した場合の取得価額は、（　　　　　）である。
   ① 購入代価
   ② 購入代価　＋　付随費用
   ③ 購入代価　＋　付随費用　＋　事業供用費用

2. 取得価額に含めないことができる費用はどれか？
   ① 引取運賃　　② 据付費　　③ 登記のための登録免許税

3. 複数の減価償却資産を同時に取得した場合の共通費用、一括値引きの処理として正しいものはどれか？
   ① 取得価額に含めず、費用又は収益として処理する。
   ② 購入代金などの比により按分して取得価額に加減算する。

4. 取得価額が（　　　　　）の減価償却資産は、すべての法人で取得価額全額を一時に損金算入できる。
   ① 10万円未満　　② 20万円未満　　③ 30万円未満

5. 一括償却資産として3年間で損金算入できる制度は、取得価額が（　　　　　）の減価償却資産について適用が受けられる。
   ① 10万円未満　　② 20万円未満　　③ 30万円未満

6. 中小企業者等の少額減価償却資産の特例制度は、取得価額が（　　　　　）の減価償却資産について適用が受けられる。
   ① 20万円未満　　② 30万円未満　　③ 40万円未満

7. 中小企業者等の少額減価償却資産の特例では、取得価額の合計額が年（　　　　　）に達するまでの金額を損金算入できる。
   ① 100万円　　② 200万円　　③ 300万円

第Ⅲ章

減価償却

1　償却方法　①主な償却方法は定額法・定率法・リース期間定額法

償却限度額を決める要素②「償却方法」

①取得価額	②償却方法	③法定耐用年数

Point

- 資産の種類ごとに適用できる償却方法が決められています。
- 今後取得する資産に適用する主な償却方法は、定額法・200%定率法・リース期間定額法です。

種　類	今後取得する資産に 適用できる償却方法
建物	定額法
建物附属設備 構築物	定額法
車両運搬具 工具 器具備品 機械装置 船舶 航空機	定額法 又は 200%定率法 法定償却方法は200%定率法 （償却方法の選択はp.34参照）
特許権 実用新案権 商標権 営業権 ソフトウエア その他の無形減価償却資産	定額法
生物	定額法
所有権移転外リース資産	リース期間定額法※

※リース期間定額法はp.86参照

まずは３つの方法をしっかり理解しよう

償却限度額計算の3要素

税務上の償却限度額は、次の3要素により計算することができます。

①取得価額	②償却方法	③法定耐用年数

ここでは、②償却方法について解説します。

償却方法は資産の種類ごとに決められている

　減価償却の方法は、資産の種類ごとに適用できる方法が決められています。

　複数の償却方法が認められているものについては、その中から適用する方法を自由に選択できるというルールになっています。左頁の表にあるように、車両運搬具や工具、器具備品等については定額法と200%定率法が認められていますので、法人がいずれかを選択することになります。償却方法を選択しなかった場合に適用される償却方法を法定償却方法といい、車両運搬具等については200%定率法が法定償却方法になります。

実践への武装

定額法・定率法・リース期間定額法

　償却方法には、過去に取得した資産に適用可能な方法を含めると、定額法・200%定率法・250%定率法・リース期間定額法・旧定額法・旧定率法など様々なものがあります（次頁参照）。鉱業用の減価償却資産にのみ適用できる生産高比例法という方法もあります。

　ただ、今後新たに取得する減価償却資産に適用される主な償却方法は、定額法・200%定率法・リース期間定額法です。減価償却資産の管理を新たに任されることになった方が新規に固定資産台帳に登録する資産の償却方法は、ほとんどがこれら3つの方法ですので、まずはこれらの方法がどのような特徴を持つ償却方法なのか、そして、どの資産にどの償却方法を適用できるのかをしっかり理解しましょう。

2　償却方法　②償却方法の変遷

固定資産台帳にいろいろな償却方法が登場する理由

Point
- 資産の種類ごとに適用できる償却方法は、改正が重ねられて現在に至っています。

種類	H28.4.1 以後取得	H24.4.1 〜H28.3.31 取得	H19.4.1 〜H24.3.31 取得	H10.4.1 〜H19.3.31 取得	H10.3.31 以前取得
建物	定額法			旧定額法	旧定額法 又は 旧定率法※
建物附属設備 構築物	定額法	定額法 又は 200%定率法※	定額法 又は 250%定率法※	旧定額法 又は 旧定率法※	
車両運搬具 工具 器具備品 機械装置 船舶 航空機	定額法 又は 200%定率法※		定額法 又は 250%定率法※	旧定額法 又は 旧定率法※	
特許権 実用新案権 商標権 営業権 ソフトウエア その他の無形 減価償却資産	定額法			旧定額法	
生物	定額法			旧定額法	
所有権移転外 リース資産	リース期間定額法 （H20.4.1以後契約締結分より）			―	

※＝法定償却方法

償却方法の変遷

　償却方法は改正が重ねられて現在に至っています。償却方法の変遷をまとめると、以下のとおりです。

① 　平成19年4月1日を境に定額法・定率法の償却率と残存価額の考え方が見直され新しい定額法・定率法となった。これに伴い見直し前の定額法・定率法を旧定額法・旧定率法と呼ぶことにした。

② 　その後、平成24年4月1日に定率法の償却率が見直され、見直し後の定率法は200％定率法と、見直し前の定率法は250％定率法と呼ばれるようになった。

③ 　平成20年4月1日以後に契約を締結した所有権移転外ファイナンスリースにより賃借する資産は減価償却資産として取り扱われることになり、専用の償却方法であるリース期間定額法が適用されることになった。

選択できる償却方法に関する改正

　今後取得する建物・建物附属設備・構築物に適用される償却方法は定額法に限定されていますが、過去には複数の償却方法から選択できた時もありました。

実践への武装

固定資産台帳には様々な償却方法が登録されている！

　固定資産台帳には過去に取得した様々な資産が登録されていますので、馴染みのない償却方法で償却している資産を目にすることになるかもしれません。混乱したら左頁の表を眺めてみましょう。

　なお、現行制度上、定率法といえば200％定率法のことを意味しますので、固定資産台帳では単に定率法と表記されていることがあります。本書では250％定率法と区別するために、現在の定率法を200％定率法と呼んでいます。

3　償却方法の選択届

選択した償却方法は所轄税務署に届け出る

Point

● 車両運搬具・工具・器具備品・機械装置・船舶・航空機の償却方法は、定額法と200%定率法のどちらかを選択します。

PC　定額法　or　200%定率法　} どっちにする？

償却方法は自由に選択できる

減価償却資産の償却方法の届出書

| ※整理番号 | |
| ※報グループ整理番号 | |

税務署受付印

	提出法人 □□ 単体 連結 法親人法人	納　税　地	〒 電話（　　）　　−
		（フリガナ）	
平成　年　月　日		法　人　名　等	
		法　人　番　号	
		（フリガナ）	
		代　表　者　氏　名	㊞
		代　表　者　住　所	〒
税務署長殿		事　業　種　目	業

連結子法人	（フリガナ） 法　人　名　等		※ 税 務 署 処 理 欄	整理番号	
	本店又は主たる 事務所の所在地	〒　　　（　局　署） 電話（　　）　　−		部　門	
				決算期	
	（フリガナ） 代　表　者　氏　名			業種番号	
	代　表　者　住　所	〒		整理簿	
	事　業　種　目	業		回付先	□ 親署 ⇒ 子署 □ 子署 ⇒ 調査課

減価償却資産の償却方法を下記のとおり届け出ます。

記

資産、設備の種類	償　却　方　法	資産、設備の種類	償　却　方　法
建 物 附 属 設 備			
構　　築　　物			
船　　　　舶			
航　　空　　機			
車 両 及 び 運 搬 具			
工　　　　具			

償却方法の選択

　車両運搬具・工具・器具備品・機械装置・船舶・航空機の償却方法は、定額法と200％定率法が認められています。法人は、これらの資産の種類ごと（機械装置については設備の種類ごと）に、いずれかの方法を自由に選択できます。

選択した償却方法の届出

　選択した償却方法は法人の所轄税務署長に届け出ることとされています。事業所をいくつも有する法人は事業所ごと（船舶の場合は船舶ごと）に償却方法を選択することも可能です。

　なお、これらの資産の法定償却方法である200％定率法を選択する場合には、届出書を提出しなくてもよいこととされています。会計監査を要しない会社など、特に会計上の制約がない法人の場合は法定償却方法である200％定率法を選択し、選択届出書を提出していないケースがほとんどです。

実践への武装

償却方法を変更したい場合

　償却方法を変更したい場合は、変更承認申請書を所轄税務署長に提出して承認を受けることとされています。ただし、一度選択した償却方法は原則として3年経過しないと変更できないことになっています。一旦選択したものは、そうコロコロ変更はできないということです。

　法定償却方法を選択するという場合には選択時に届出書を提出しなくてもよいこととされていますが、これは言い換えると、届出書を提出しなかった場合は（うっかり提出を忘れた場合も）、法定償却方法を選択したという意思表示をしたことになります。その場合もやはり3年間は償却方法の変更はできないので注意が必要です。資産の取得1年目は届出書を提出せずに法定償却方法で償却を行い、2年目から別の償却方法を選択するということはできないのです。

4 定額法

毎期同額の減価償却費を計上

Point
- 定額法は毎期同額の減価償却費を計上する方法です。
- 耐用年数で全額償却できます。

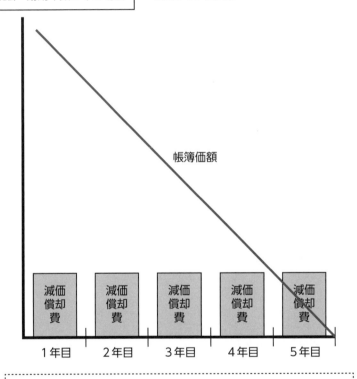

定額法　耐用年数5年の場合　※期首から事業供用

帳簿価額

減価償却費　減価償却費　減価償却費　減価償却費　減価償却費

1年目　　2年目　　3年目　　4年目　　5年目

定額法の特徴
●減価償却費は毎期同額になる
●耐用年数で全額償却できる（最終年度は備忘価額を1円残す）
●計算式：取得価額×耐用年数に応じた定額法の償却率

定額法の計算イメージ

取得価額	1,000,000円
耐用年数	5年
償却方法	定額法
償却率	0.200

※期首から事業供用したものとする

	減価償却費	計算方法	期末帳簿価額
1年目	200,000円	1,000,000円×0.200＝200,000円	800,000円
2年目	200,000円	1,000,000円×0.200＝200,000円	600,000円
3年目	200,000円	1,000,000円×0.200＝200,000円	400,000円
4年目	200,000円	1,000,000円×0.200＝200,000円	200,000円
5年目	199,999円	1,000,000円×0.200＝200,000円 ⇒199,999円	1円※

※備忘価額1円残す

定額法の特徴

　定額法は、耐用年数にわたり毎期同額の減価償却費を計上する方法です。

大まかに言うならば、「その資産の取得価額÷耐用年数＝毎期の減価償却費」となる償却方法と考えてよいでしょう。

定額法はわかりやすいな！

5　200%定率法

最初に大きく減価償却費を計上

Point
● 現在の定率法は「200%定率法」と呼ばれています。 ● 初期ほど減価償却費が大きく、その後徐々に減少します。 ● 耐用年数で全額償却できます。

200%定率法　耐用年数5年の場合	※期首から事業供用

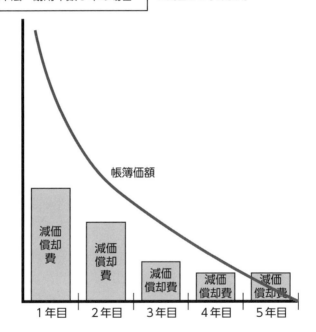

> 200%定率法の特徴
> ●減価償却費は初期ほど大きく、徐々に減少する
> ●耐用年数で全額償却できる（最終年度は備忘価額を1円残す）
> ●計算式：期首帳簿価額×耐用年数に応じた200%定率法の償却率
> 　ただし、最低限償却できる金額（償却保証額）に満たなくなった
> 　事業年度以後の期間の減価償却費は毎期同額となる

200％定率法の計算イメージ

取得価額	1,000,000円
耐用年数	5 年
償却方法	200％定率法
償却率	0.400
改定償却率	0.500
保証率	0.10800

※期首から事業供用したものとする

⇒償却保証額＝1,000,000円×0.10800＝108,000円

	減価償却費	計算方法	期末帳簿価額
1 年目	400,000円	1,000,000円×0.400（償却率）＝400,000円	600,000円
2 年目	240,000円	600,000円×0.400（償却率）＝240,000円	360,000円
3 年目	144,000円	360,000円×0.400（償却率）＝144,000円	216,000円
4 年目	108,000円	①216,000円×0.400（償却率）＝86,400円 ②償却保証額＝108,000円 ①が②に満たないので、以後の期間の減価償却費は定額となる 216,000円（期首帳簿価額）×0.500（改定償却率）＝ 108,000円	108,000円
5 年目	107,999円	216,000円（4 年目の期首帳簿価額）×0.500（改定償却率）＝108,000円⇒107,999円	1 円※

※備忘価額 1 円残す

200％定率法の特徴

　200％定率法による減価償却費は、耐用年数の初期ほど大きく、年々減少していくのが特徴です。年々減少はするものの、最低限償却できる金額（償却保証額）が決められていて、200％定率法の計算式である「期首帳簿価額×200％定率法の償却率」で計算した金額が償却保証額未満になると、その後は定額償却に切り替わります。この定額償却額を計算するための償却率として「改定償却率」が定められています。

200％定率法と呼ばれる理由

　現在の定率法は「200％定率法」と呼ばれています。これは、定率法の償却率が「定額法による償却率×200％」とされているためです。

6　250％定率法

期間限定で適用される定率法

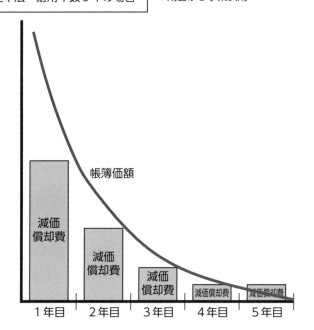

250％定率法　耐用年数5年の場合　※期首から事業供用

250％定率法の特徴
- ●減価償却費は初期ほど大きく、徐々に減少する
- ●200％定率法よりも初期の償却費が大きい
- ●耐用年数で全額償却できる（最終年度は備忘価額を1円残す）
- ●計算式：期首帳簿価額×耐用年数に応じた250％定率法の償却率
  ただし、最低限償却できる金額（償却保証額）に満たなくなった
  事業年度以後の期間の減価償却費は毎期同額となる

250％定率法の計算イメージ

取得価額	1,000,000円
耐用年数	5年
償却方法	250％定率法
償却率	0.500
改定償却率	1.000
保証率	0.06249

※期首から事業供用したものとする

⇒償却保証額＝1,000,000円×0.06249＝62,490円

	減価償却費	計算方法	期末帳簿価額
1年目	500,000円	1,000,000円×0.500（償却率）＝500,000円	500,000円
2年目	250,000円	500,000円×0.500（償却率）＝250,000円	250,000円
3年目	125,000円	250,000円×0.500（償却率）＝125,000円	125,000円
4年目	62,500円	125,000円×0.500（償却率）＝62,500円	62,500円
5年目	62,499円	①62,500×0.500=31,250円 ②償却保証額＝62,490円 ①が②に満たないので、 62,500円（期首帳簿価額）×1.000（改定償却率）＝ 62,500円⇒62,499円	1円※

※備忘価額1円残す

期間限定の定率法

　現在の定率法である200％定率法の償却率は「定額法による償却率×200％」とされていますが、平成19年4月1日から平成24年3月31日までの間に取得した資産に適用する定率法の償却率は「定額法による償却率×250％」とされていました。現在の定率法である200％定率法と区別するために、この期間限定の定率法は「250％定率法」と呼ばれています。

250％定率法の特徴

　250％定率法は、200％定率法とは償却率が異なるだけで、その他の計算方法に違いはありません。200％定率法よりも償却率が大きいので、耐用年数の初期に計上する減価償却費がより大きいのが特徴です。

7 旧定額法

平成19年3月以前に取得した資産の定額法

> **Point**
> - 平成19年3月以前に取得した資産に適用される定額法です。
> - 固定資産台帳に登録されている資産で耐用年数の長いものの中には、旧定額法が適用されているものもあります。

旧定額法　耐用年数5年の場合

※期首から事業供用
※有形減価償却資産の場合

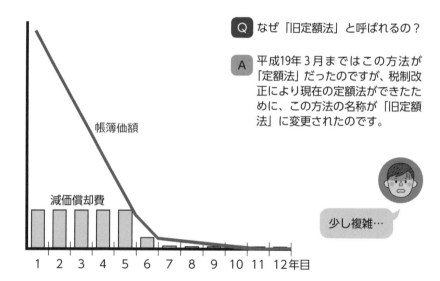

Q なぜ「旧定額法」と呼ばれるの？

A 平成19年3月まではこの方法が「定額法」だったのですが、税制改正により現在の定額法ができたために、この方法の名称が「旧定額法」に変更されたのです。

少し複雑…

旧定額法の特徴
- ●耐用年数で全額償却できない
- ●計算式：取得価額×0.9×耐用年数に応じた旧定額法の償却率
- ●耐用年数の期間内は毎期同額の減価償却費を計上する
- ●耐用年数を経過しても取得価額×10％は未償却残高として残る
- ●未償却残高が取得価額×5％になるまで上記償却を継続し、さらにその後の5年間で均等償却する（最終年度は備忘価額を1円残す）

旧定額法の計算イメージ（有形減価償却資産の場合）

取得価額	1,000,000円
耐用年数	5年
償却方法	旧定額法
償却率	0.200

※期首から事業供用したものとする

	減価償却費	計算方法	期末帳簿価額
1年目	180,000円	1,000,000円×0.9×0.200＝180,000円	820,000円
2年目	180,000円	1,000,000円×0.9×0.200＝180,000円	640,000円
3年目	180,000円	1,000,000円×0.9×0.200＝180,000円	460,000円
4年目	180,000円	1,000,000円×0.9×0.200＝180,000円	280,000円
5年目	180,000円	1,000,000円×0.9×0.200＝180,000円	100,000円
6年目	50,000円	①1,000,000円×0.9×0.200＝180,000円 ②期首帳簿価額－（取得価額×5％）＝50,000円 ①が②を超えるので②となる	50,000円
7年目	9,999円	期首帳簿価額が取得価額×5％になったので均等償却開始 （取得価額×5％－1円）＝49,999円 49,999円÷5＝9,999円	40,001円
8年目	9,999円	〃	30,002円
9年目	9,999円	〃	20,003円
10年目	9,999円	〃	10,004円
11年目	9,999円	〃	5円
12年目	4円	期首帳簿価額－1円＝4円	1円※

※備忘価額1円残す

均等償却開始後5年間で償却が終了するように、実務上は11年目に4円上乗せして償却することが多い。金額が数円なので、税務上も特に問題になることはない。

旧定額法の特徴

　平成19年3月31日以前に取得した資産に適用される定額法を旧定額法と呼んでいます。

　当時の制度は、有形減価償却資産は耐用年数を経過しても取得価額の10％相当の処分価値（＝残存価額）が残ると考えていました。そこで旧定額法では、まず取得価額の90％を耐用年数にわたり減価償却していきます（つまり耐用年数では取得価額の全額は償却できません）。耐用年数経過後も未償却残高が取得価額×5％になるまでは同様の償却を継続し、さらにその後5年間で均等に償却していくことで、取得価額の全額が償却できる仕組みになっています。

8 旧定率法

平成19年3月以前に取得した資産の定率法

> **Point**
> - 平成19年3月以前に取得した資産に適用される定率法です。
> - 固定資産台帳に登録されている資産で耐用年数の長いものの中には、旧定率法が適用されているものもあります。

| 旧定率法　耐用年数5年の場合 | ※期首から事業供用 |

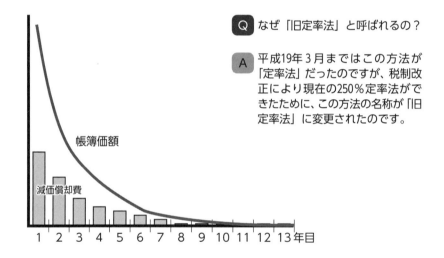

Q なぜ「旧定率法」と呼ばれるの？

A 平成19年3月まではこの方法が「定率法」だったのですが、税制改正により現在の250％定率法ができたために、この方法の名称が「旧定率法」に変更されたのです。

旧定率法の特徴
- ●耐用年数で全額償却できない
- ●計算式：期首帳簿価額×耐用年数に応じた旧定率法の償却率
- ●減価償却費は初期ほど大きく、年々減少する
- ●耐用年数を経過しても取得価額×10％は未償却残高として残る
- ●未償却残高が取得価額×5％になるまで上記償却を継続し、さらにその後の5年間で均等償却する（最終年度は備忘価額を1円残す）

旧定率法の計算イメージ

取得価額	1,000,000円
耐用年数	5年
償却方法	旧定率法
償却率	0.369

※期首から事業供用したものとする

	減価償却費	計算方法	期末帳簿価額
1年目	369,000円	1,000,000円×0.369＝369,000円	631,000円
2年目	232,839円	631,000円×0.369＝232,839円	398,161円
3年目	146,921円	398,161円×0.369＝146,921円	251,240円
4年目	92,707円	251,240円×0.369＝92,707円	158,533円
5年目	58,498円	158,533円×0.369＝58,498円	100,035円
6年目	36,912円	100,035円×0.369＝36,912円	63,123円
7年目	13,123円	①63,123円×0.369＝23,292円 ②期首帳簿価額－（取得価額×5％）＝13,123円 ①が②を超えるので②となる	50,000円
8年目	9,999円	期首帳簿価額が取得価額×5％になったので均等償却開始 （取得価額×5％－1円）＝49,999円 49,999円÷5＝9,999円	40,001円
9年目	9,999円	〃	30,002円
10年目	9,999円	〃	20,003円
11年目	9,999円	〃	10,004円
12年目	9,999円	〃	5円
13年目	4円	期首帳簿価額－1円＝4円	1円※

※備忘価額1円残す

均等償却開始後5年間で償却が終了するように、実務上は12年目に4円上乗せして償却することが多い。金額が数円なので、税務上も特に問題になることはない。

旧定率法の特徴

　平成19年3月31日以前に取得した資産に適用される定率法を旧定率法と呼んでいます。

　旧定額法と同様に、耐用年数が経過した時点で取得価額の10％が未償却残高として残るように、償却率が設定されています。耐用年数経過後も未償却残高が取得価額×5％になるまでは同様の償却を継続し、さらにその後5年間で均等に償却していくことで、取得価額の全額が償却できる仕組みになっています。

9　とても重要な「事業の用に供していること」

事業の用に供していないと減価償却できない

【機械装置の購入から除却まで】

購入　試運転　稼働　　　　　生産休止　　移設・　　稼働　除却
　　　　　　　　　　　　　のため　　　再稼働　　終了
　　　　　　　　　　　　　一旦倉庫へ

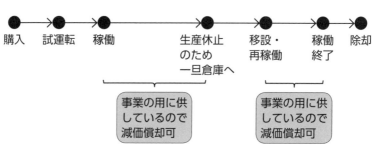

事業の用に供しているので減価償却可　　　事業の用に供しているので減価償却可

「事業に使用しているもの」だけが減価償却できる

　"事業の用に供する"とは、法人が減価償却資産を自社の事業のために使用することをいいます。事業の用に供していない資産の減価償却費を損金算入することはできません。事業の用に供していないということは、法人の収益獲得に貢献していないからです。

　したがって、減価償却資産を購入しただけでは減価償却を開始することはできません。法人の事業の用に供した時から減価償却費が計上できます。また、使用を止めて一旦倉庫に保管した場合、原則としてその保管期間中は減価償却費を計上することはできません。事業の用に供していないからです。

　減価償却資産に関しては、事業の用に供しているかという視点を常に持つことが特に重要です。本書でも「事業の用に供している」という言葉が頻繁に登場します。

実践への武装

意外にあるぞ！　事業の用に供していないケース

　現状は使用していないため倉庫に保管してある機械装置、購入して梱包されたまま事務所の隅に山積みされている器具備品などは、事業の用に供しているとはいえないため減価償却費を計上することはできません。法人が自己で使用する予定で製造中の機械装置や建設中の建物なども、そもそも使用できる状態になっていないため減価償却はできません。

実践への武装

使用していなくても減価償却できる特別なケース

　厳密にいうと以下のようなケースも事業の用に供していないことになりますが、特別に減価償却を中断しなくてもよいこととされています。
●生産調整のために稼働休止している機械装置（いつでも稼働できるように必要なメンテナンスが行われている場合）
●他の工場で使用するために移設中の機械装置、本店移転のために搬送中の器具備品（移設・搬送期間が通常要する程度の期間である場合）

10　事業年度の途中で取得した資産の減価償却

月割計算を行う

> **Point**
> ● 各償却方法の償却率は１年間使用した場合の償却限度額を計算するための率です。したがって、期中に取得した資産の償却限度額は月割計算が必要です。

【例】　３月決算法人が７月１日から事業供用

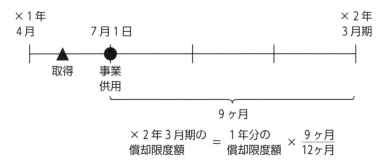

$$\begin{array}{l}\times 2年3月期の \\ 償却限度額\end{array} = \begin{array}{l}1年分の \\ 償却限度額\end{array} \times \dfrac{9ヶ月}{12ヶ月}$$

 事業供用日からその事業年度末日までの月数で計算する。取得日からではない

【例】　３月決算法人が10月15日から事業供用

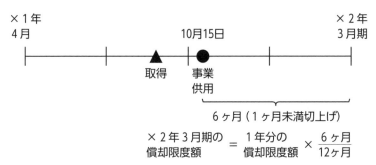

$$\begin{array}{l}\times 2年3月期の \\ 償却限度額\end{array} = \begin{array}{l}1年分の \\ 償却限度額\end{array} \times \dfrac{6ヶ月}{12ヶ月}$$

実際に使用している期間だけ償却できる

　各償却方法の償却率は、その資産を１年間使用した場合の償却限度額を計算するための率であるため、事業年度の途中で取得した資産は、１年分の償却限度額を事業の用に供した期間で月割計算します。

　同様に、事業年度の途中で倉庫に保管するなど使用しなくなった資産も、使用していた期間の月数で１年分の償却限度額を月割計算します。

月割計算の具体例その１

　事業年度の途中で取得した資産は１年間使用した場合の償却限度額を月割計算します。

決算期	3月
事業供用日	×１年７月１日
取得価額	1,000,000円
耐用年数	５年
償却方法	定額法
償却率	0.200

×２年３月期 減価償却費	計算方法
150,000円	①１年分の減価償却費 　1,000,000円×0.200＝200,000円 ②×２年３月期の減価償却費 　①×９ヶ月／12ヶ月＝150,000円

　　　　　　　　　１年分の償却費を月割計算

月割計算の具体例その２（１ヶ月未満の端数が生じる場合）

　事業供用日から事業年度の末日までの期間に１ヶ月未満の端数が生じるときは、切上げて月数をカウントします。

決算期	3月
事業供用日	×１年10月15日
取得価額	1,000,000円
耐用年数	５年
償却方法	定額法
償却率	0.200

×２年３月期 減価償却費	計算方法
100,000円	①１年分の減価償却費 　1,000,000円×0.200＝200,000円 ②×２年３月期の減価償却費 　①×６ヶ月／12ヶ月＝100,000円

　　　　　　　　　１ヶ月未満は切り上げ

もっと知りたい！ 事業年度が１年でない場合の償却限度額

　事業年度が１年でない場合も、事業年度の途中で取得した場合と同じように１年分の減価償却費を月割計算してもよさそうに思いますが、少し変わった計算方法になります。

【例１】定額法の場合

　償却率自体を「通常の償却率×その事業年度の月数※／12（小数点以下３位未満切上げ）」と調整してから、減価償却費の計算を行います。200％定率法・250％定率法・旧定額法も同様の計算方法によります。

※その事業年度の月数に端数が生じたときは切り上げます。

《前提》

取得価額	1,000,000円	事業供用	期首から継続して事業供用している
耐用年数	5年		
償却方法	定額法	決算期変更	決算期変更により、当期は９ヶ月決算となる
償却率	0.200		

《減価償却費の計算》

償却率の調整計算	0.200×9／12＝0.150
減価償却費	1,000,000円×0.150＝150,000円

まずは償却率の調整計算を行う！
通常の償却率×その事業年度の月数／12

【例2】旧定率法の場合

　旧定率法に限っては、以下の通り耐用年数の調整計算を行うことになっています。

《前提》

期首帳簿価額	1,000,000円	事業供用	期首から継続して事業供用している
耐用年数	20年		
償却方法	旧定率法	決算期変更	決算期変更により、当期は9ヶ月決算となる
償却率	0.109		

《減価償却費の計算》

耐用年数の調整計算	20年×12／9＝26年（1年未満切捨て）
耐用年数26年の場合の旧定率法の償却率	0.085
減価償却費	1,000,000円×0.085＝85,000円

まずは耐用年数の調整計算を行う！
法定耐用年数×12／その事業年度の月数

　このように事業年度が1年未満の場合はかなり変わった計算を行うことになります。事業年度が1年未満になるケースはそれほど頻繁にはありませんので、特殊な計算をするということだけ頭の隅に置いておきましょう。

変わった計算するんですね…

事業年度が1年未満のときだけ必要になる計算だから、「特殊な計算をする」ということを知っておくだけで充分だ

11　法定耐用年数

償却限度額を決める要素③「法定耐用年数」

①取得価額	②償却方法	③法定耐用年数

Point
- 法定耐用年数は、資産の種類・構造・用途・細目ごとに画一的に定められています。

【建物の法定耐用年数の例】

細目	構造別の耐用年数						
	鉄骨鉄筋コンクリート造又は鉄筋コンクリート造のもの	れんが造、石造又はブロック造のもの	金属造のもの			木造又は合成樹脂造のもの	木骨モルタル造のもの
			骨格材の肉厚が4mmを超えるもの	骨格材の肉厚が3mmを超え4mm以下のもの	骨格材の肉厚が3mm以下のもの		
事務所用のもの	50年	41年	38年	30年	22年	24年	22年
住宅用のもの	47年	38年	34年	27年	19年	22年	20年
店舗用のもの	39年	38年	34年	27年	19年	22年	20年

償却限度額計算の3要素

税務上の償却限度額は、次の3要素により計算することができます。

①取得価額	②償却方法	③法定耐用年数

ここでは、③法定耐用年数について解説します。

法定耐用年数とは

　資産価値が減少した分を耐用年数を通じて費用化する手続きが減価償却です。仮に各法人が耐用年数を自由に見積ることができるとすると、同一の資産を同じ用途に使用していても法人によって損金に算入する減価償却費が異なってしまうことになり、これでは課税の公平を保つことはできません。

　そこで資産の種類や構造、用途などにより耐用年数を画一的に定めることとし、すべての法人がその定められた耐用年数により償却限度額の計算を行うこととされています。この定められた耐用年数のことを「法定耐用年数」と呼んでいます。減価償却費の計算に使用する償却率は、法定耐用年数に応じて償却方法ごとに定められています。

　資産の種類別の法定耐用年数と償却率の一覧は、巻末資料を参照してください。

実践への武装

法定耐用年数の決め方

　減価償却資産の法定耐用年数は、資産の種類や構造、用途別に定められていますが、機械装置だけは「食料品製造業用設備　10年」というように、その機械装置が何の業種用の設備かにより定められています。
　「何の業種用の設備か」とは、「その設備は本来何のために使用されるものか」という意味です。法人の本社にある社員食堂で使用している厨房設備が飲食店で使用されるものと同様のものならば、その設備の耐用年数は「飲食店業用設備　8年」になります。その機械装置を所有する法人の業種は関係ありません。

12　中古資産の耐用年数

耐用年数を見積る

Point
- 中古資産は使用可能期間を見積って耐用年数とすることができます。
- 実務上は「簡便法」と呼ばれる方法により耐用年数を算定することがほとんどです。

【中古資産の見積耐用年数（簡便法）】

【例1】法定耐用年数6年、経過年数4年の中古資産	
①法定耐用年数から経過した年数を差し引いた年数	6年−4年＝2年
②経過年数4年の20％に相当する年数	4年×20％＝0.8年
③中古見積耐用年数①＋②	①2年＋②0.8年＝2.8年⇒2年 （1年未満切捨て）

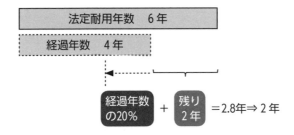

【例2】法定耐用年数22年、経過年数25年の中古資産 　　　（法定耐用年数の全部を経過している資産）	
法定耐用年数22年の20％に相当する年数	22年×20％＝4.4年⇒4年 （1年未満切捨て）

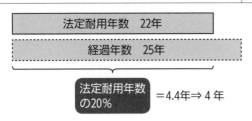

（注1）計算の結果1年未満の端数がでた場合、計算の最後で端数を切り捨てる
（注2）計算の結果が2年未満となった場合は2年とする

簡便法とは

　中古資産は新品よりも使用可能期間が短いと考えるのは当然です。そこで、中古資産の償却限度額の計算に使用する耐用年数は、法定耐用年数ではなく使用可能期間として見積った年数によることができることとされています。

　しかし、中古資産の使用可能期間を見積ることは実際には難しいため、左頁にある"簡便法"と呼ばれる方法により耐用年数を見積ることができます。実務上はこの簡便法により計算することがほとんどです。

実践への武装

中古資産の耐用年数は月単位で計算も可能

　簡便法による耐用年数の見積りは、月単位に置き換えて計算できることとされています。月単位で計算した方が経過期間を正確に反映できます。

法定耐用年数6年（72ヶ月）、経過年数2年9ヶ月（33ヶ月）の中古資産	
①法定耐用年数（月数）から経過した月数を差し引いた月数	72ヶ月－33ヶ月＝39ヶ月
②経過月数33ヶ月の20％に相当する月数	33ヶ月×20％＝6.6ヶ月
③中古見積耐用年数①＋②	①39ヶ月＋②6.6ヶ月＝45.6ヶ月 ⇒3.8年⇒3年（1年未満切捨て）

実践への武装

自動車が購入時の損金になる…!?

　普通自動車の法定耐用年数は6年です。4年経過の車両の中古耐用年数は簡便法で計算すると2年。200％定率法では耐用年数2年の償却率は1.000ですから、耐用年数が2年となる中古車を期首に買えば、全額購入した事業年度の損金になります。ちょっとした節税になるわけです。これは、ベンツのような高額な中古車でも同じです。減価償却資産を購入した時は、新品なのか中古なのか、中古の場合は経過年数を確認することで、損金に算入できる金額がこんなに違ってくるのです。

13　減価償却費を損金に算入する要件①損金経理

損益計算書で費用計上する

Point
- 損金経理とは、法人が確定した決算において費用又は損失として経理することをいいます。
- 減価償却費を損金に算入するためには損金経理が必要です。

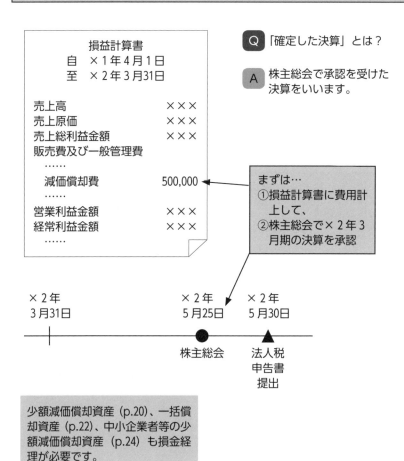

損益計算書
自　×1年4月1日
至　×2年3月31日

売上高	×××
売上原価	×××
売上総利益金額	×××
販売費及び一般管理費	
……	
減価償却費	500,000
……	
営業利益金額	×××
経常利益金額	×××
……	

Q　「確定した決算」とは？

A　株主総会で承認を受けた決算をいいます。

まずは…
①損益計算書に費用計上して、
②株主総会で×2年3月期の決算を承認

×2年
3月31日

×2年
5月25日
株主総会

×2年
5月30日
法人税
申告書
提出

少額減価償却資産（p.20）、一括償却資産（p.22）、中小企業者等の少額減価償却資産（p.24）も損金経理が必要です。

損金経理とは法人が費用化の意思表示をすること

　減価償却費を損金に算入する要件の一つ目は、「損金経理すること」です。損金経理とは、「法人が確定した決算において費用又は損失として経理すること」をいいます。つまり、法人がその事業年度の費用とする意思表示をして株主総会の承認を受けることが「損金経理」です。

減価償却費に損金経理要件が課されている理由

　例えば、広告宣伝費は「広告の掲載」という社外の者との取引により計上される費用です。掲載という客観的な事実があるわけですから、法人税の所得計算上はその事実をもって損金に算入します。

　一方、減価償却費は社外の者との取引に基因して生じる費用ではないことから、法人税の所得計算上は、法人に減価償却費を損金算入するか否かの意思確認を行うこととしています。

　法人の意思は、法人の最高意思決定機関である株主総会でお墨付きをもらった損益計算書によって判断するのが適当です。そこで、減価償却費を損金算入したければ損益計算書に費用計上して株主総会の承認を受けてください、という考え方が「損金経理要件」です。

　さらに、税務上は、株主総会で承認を受けた損益計算書に計上している減価償却費のうち、税務上の償却限度額の範囲内の金額を法人税の所得計算上損金として認めますというルールにしているのです。

14　減価償却費を損金に算入する要件②別表の添付

法人税申告書に減価償却費に関する別表を添付する

> **Point**
>
> ● 減価償却費を損金に算入するためには、法人税申告書に減価償却費の明細を記載した別表の添付が必要です。

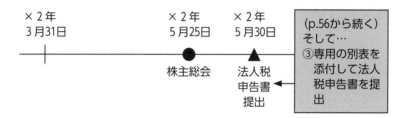

×2年　　　　　　×2年　　　　　　×2年
3月31日　　　　5月25日　　　　5月30日

　　　　　　　　● 　　　　　▲
　　　　　　株主総会　　　法人税
　　　　　　　　　　　　申告書
　　　　　　　　　　　　提出

(p.56から続く)
そして…
③専用の別表を
　添付して法人
　税申告書を提
　出

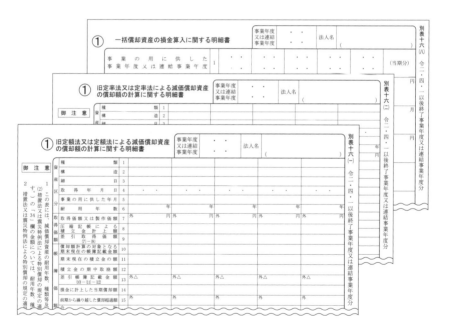

別表とは

　減価償却費を損金に算入する要件の二つ目は、「法人税申告書に減価償却費に関する別表を添付すること」です。別表には以下のような種類のものがあります。

別表の種類	記載する減価償却資産
別表16（1）	定額法・旧定額法によるもの
別表16（2）	200％定率法・250％定率法・旧定率法によるもの
別表16（4）	リース期間定額法によるもの
別表16（7）	中小企業者等の少額減価償却資産の特例の適用を受けるもの
別表16（8）	一括償却資産に該当するもの

別表には何を記載する？

　別表16（1）、16（2）、16（4）には、減価償却資産の取得価額、期末帳簿価額、損金経理した減価償却費の額、償却限度額などを記載します。これらの別表には個々の資産ごとに金額を記載してもよいのですが、資産の数が多い場合には別表が何十枚にもなってしまいますので、資産の種類別に、かつ、償却方法別に合計額を記載してよいことになっています。

　別表16（7）には中小企業者等の少額減価償却資産の特例の対象とした資産の種類や取得価額を、別表16（8）には事業年度ごとの一括償却資産の取得価額合計などを記載します。

実践への武装

法人税申告書別表はどうやって作成する？

　別表に記載する金額の元となっているのは、固定資産台帳の情報です。ほとんどの固定資産管理システムでは、固定資産台帳上の金額からこれらの別表を自動的に作成する機能を持っています。適正な申告の前提となっているものが固定資産台帳というわけですから、固定資産台帳を管理する担当者は非常に重要な仕事を任されているということなのです。

15　会計と税務の共通点・相違点

会計上の費用計上額＝損金算入額ではない

Point
- 会計上減価償却費として費用計上する金額と、税務上の償却限度額は異なる場合があります。

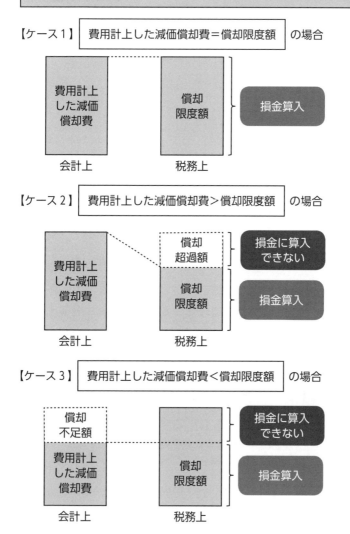

【ケース1】 費用計上した減価償却費＝償却限度額 の場合

| 費用計上した減価償却費 | 償却限度額 | 損金算入 |

会計上　　　　税務上

【ケース2】 費用計上した減価償却費＞償却限度額 の場合

費用計上した減価償却費　償却超過額　損金に算入できない　償却限度額　損金算入

会計上　　　　税務上

【ケース3】 費用計上した減価償却費＜償却限度額 の場合

償却不足額　損金に算入できない　費用計上した減価償却費　償却限度額　損金算入

会計上　　　　税務上

■ 費用計上した減価償却費が全額損金算入できるわけではない

　資産を費用化するために減価償却を行うことや減価償却費の計算方法
は会計も税務も同じです。しかし適用する耐用年数が会計と税務で異な
ることがあるため、会計上の費用計上額と税務上の償却限度額に差額が
生じる場合があります。税務上は会計上で費用計上（＝損金経理）した金
額のうち、税務上の償却限度額に達するまでの金額が損金算入できるこ
とになっています。

■ 費用計上額はどのように決めているの？

　各会社が損益計算書に減価償却費としていくら計上しているかという
と、税務上の償却限度額をそのまま計上している会社もあれば、過去の
使用実績などから独自に資産の使用可能期間を見積り、その期間を耐用
年数として減価償却費を計上している会社もあります。

　独自に耐用年数を見積ることが多いのは上場会社やその子会社などで
す。過去の使用実績などから使用可能と見積もった年数が法定耐用年数
より短い場合、もはや使用できないと会社が判断したものを貸借対照表
に資産計上したままにしておくことは好ましくないからです。一方、上
場企業グループに属さない会社などは、税務上の償却限度額をそのまま
費用計上していることがほとんどです。

実践への武装

会計上の償却方法と税務上の償却方法

　会計上の償却方法は会計方針として決定します。税務上の償却方法は資
産の種類ごとに認められている方法の中から法人が選択します。したがっ
て、例えば、器具備品について会計上は定額法を採用し、税務上は法定償
却方法である定率法で償却限度額を計算するということも可能です。しか
し通常は、税務上の償却方法が会計上の償却方法と一致するように、税務
上の償却方法の選択届出書を提出していることがほとんどです。

16　償却超過額が生じた資産のその後

その後の事業年度で損金に算入する

Point
- 償却超過額は翌期以降損金に算入する権利として繰り越します。

取得価額　100万円
×1年度の期首から事業供用
定額法　税務上の法定耐用年数5年（償却率0.2）
各年度の償却限度額　100万円×0.2＝20万円
会計上は×1年度に取得価額全額の減価償却を行った

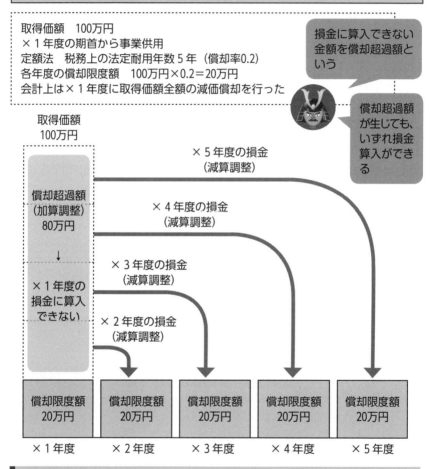

損金に算入できない
金額を償却超過額と
いう

償却超過額
が生じても、
いずれ損金
算入ができ
る

償却超過額とは

　会計上費用計上した減価償却費が、税務上の償却限度額を超える部分
の金額を「償却超過額」といいます。償却超過額は損金に算入できませ

んが、その後永久に損金に算入できないわけではありません。

償却超過額は所得計算上「加算調整」する

　左頁の例のように、会計上は取得価額100万円全額を×1年度に減価償却したとします。×1年度の税務上の償却限度額は20万円であるため、20万円を超える部分の金額（80万円）は償却超過額となります。この80万円は×1年度の損金には算入できないため、×1年度の所得計算上は「加算調整」を行い、翌期以降損金に算入する権利として繰り越します（加算調整については次頁参照）。

償却超過額はその後の事業年度で「減算調整」する

　会計上は×1年度で全額減価償却したことから、×2年度は減価償却費として費用計上することはありません。一方、×2年度の税務上の償却限度額は20万円（＝取得価額100万円×償却率0.2）となります。償却限度額が20万円あるのに会計上減価償却している金額がない場合（償却不足額がある場合）、過年度の償却超過額があればその償却不足額に充当することができます。×2年度は×1年度の償却超過額のうち20万円を「減算調整」して損金に算入するのです。このようにして×2年度以降は、20万円ずつ損金に算入することができます（減算調整については次頁参照）。

償却超過額などは申告書別表に記載

　償却超過額や、過年度の償却超過額のうちその事業年度の損金とする金額などもすべて、法人税申告書の別表に記載することとされています（別表の詳細はp.58参照）。

もっと知りたい！　資産計上すべきものを費用計上してしまった場合

　器具備品として資産計上すべきものを消耗品費に計上したり、資本的支出として資産計上すべきものを修繕費に計上した（資本的支出については第Ⅶ章参照）などの誤りが期中に判明した場合、まずは会計処理の修正を検討します。しかし、特に上場会社等の場合、この処理が必ずしも誤りという判断にならないこともあり、会計処理を修正しないこともあり得ます。

　その場合は、消耗品費又は修繕費に計上した金額のうち税務上の償却限度額を超える部分の金額が償却超過額となり、前頁と同様の調整を行います。

もっと知りたい！　「加算調整」「減算調整」とは？

　会計上の儲けである「当期純利益」は、適正な期間損益計算を目的として計算されるもので、損益計算書において「収益」から「費用」を差し引いて計算します。一方、法人税法上の儲けである「所得金額」は、公平に課税することを目的に計算されるもので、「益金」から「損金」を差し引いて計算します。「当期純利益」と「所得金額」は算出する目的が異なるため、「収益」と「益金」、「費用」と「損金」の範囲も一致していません。

当期純利益と所得金額

| 会　計 | 収益の額　－　費用の額　＝　当期純利益 |
| 法人税 | 益金の額　－　損金の額　＝　所得金額 |

「当期純利益」と「所得金額」は通常一致しない！

↓　　　↓
不一致項目を調整する

法人税の所得金額は、その事業年度の益金と損金をすべて把握することで計算できますが、せっかく事業年度ごとに損益計算書という書類を作成するのですから、所得金額計算の手間を省くために、損益計算書の当期純利益に一定の調整（不一致項目の調整）を加えることで誘導的に所得金額を計算することとされています。所得金額を計算するために使用する法人税申告書の様式が「別表4」です。

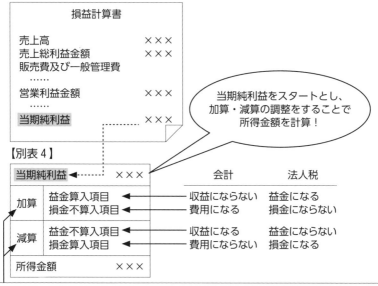

所得計算の方法

別表4は、損益計算書の「当期純利益」を基に税務上の「所得金額」を計算するための書類です。その計算過程における加算調整・減算調整のことを「税務調整」といいます。

　償却超過額は、会計上は費用計上したものの税務上は損金にならないものとして「加算調整」します（p.62の×1年度）。一方、当期は償却不足額の状態で過年度の償却超過額がある場合は「減算調整」することにより、当期の所得金額の計算上損金に算入するわけです（p.62の×2年度～×5年度）。

17 償却不足額が生じた資産のその後

いずれ損金算入できる時がくる

<table>
<tr><td>Point</td></tr>
<tr><td>● 償却不足額が生じたということは、損金算入できる権利を放棄したということになります。しかし、その後の事業年度で費用計上することにより、いずれ損金算入することができます。</td></tr>
</table>

- ●取得価額　100万円
- ●×1年度の期首から事業供用
- ●定額法　税務上の法定耐用年数5年（償却率0.2）
- ●各年度の償却限度額　100万円×0.2＝20万円
- ●会計上は×1年度に減価償却費を計上しなかった

会計上費用計上した減価償却費

費用計上額 0円	費用計上額 20万円	費用計上額 20万円	費用計上額 20万円	費用計上額 20万円	費用計上額 20万円
×1年度	×2年度	×3年度	×4年度	×5年度	×6年度

税務上の償却限度額

償却限度額 20万円	償却限度額 20万円	償却限度額 20万円	償却限度額 20万円	償却限度額 20万円	償却限度額 20万円
×1年度	×2年度	×3年度	×4年度	×5年度	×6年度

事業年度	損金算入額	備　考
×1年度	0円	費用計上額0円＜償却限度額20万円 　　　　　　　　　　　　　　⇒償却不足額が発生！ ∴償却不足額（20万円）は切捨て
×2年度～ ×5年度	20万円	費用計上額20万円＝償却限度額20万円 ∴償却限度額を損金算入
×6年度	20万円	費用計上額20万円＝償却限度額20万円 ∴償却限度額を損金算入 ※税務上は未償却残高がある限り償却限度額計算ができる！

償却不足額とは

　会計上費用計上した減価償却費が税務上の償却限度額に満たない場合、その満たない部分の金額を「償却不足額」といいます。

償却不足額は権利の放棄

　左頁の例では、×1年度に減価償却費として費用計上した金額がありません。税務上の償却限度額は20万円あるにもかかわらず会計上費用計上しないということは、20万円を損金算入できる権利を放棄したということになります。減価償却費について損金に算入できる金額は、会計上で費用計上（＝損金経理）した金額のうち税務上の償却限度額に達するまでの金額とされていますので、償却限度額があっても損金経理していなければ損金に算入できません。

税務上は未償却残高がある限り償却限度額計算を行う

　×2年度から×6年度までは税務上の償却限度額20万円を会計上も費用計上（＝損金経理）していますので、損金算入額は20万円になります。

　「耐用年数5年なのに、なぜ×6年度に償却限度額があるの？」と疑問に思うかもしれませんが、税務上は未償却残高（取得価額のうち未だ償却していない金額）がある限り償却限度額計算を行います。左頁の例では×1年度に損金算入した金額がなかったので×6年度の期首における未償却残高は20万円となり、×6年度も償却限度額計算ができるのです。

実践への武装

償却不足分は翌事業年度に損金算入できる？

　×2年度に×1年度分も合わせて40万円を会計上の減価償却費に計上すれば、×2年度に2年分損金算入できるかというと、それは認められていません。あくまでも×2年度の償却限度額は20万円です。左頁の例のように償却不足額はいずれ損金算入できますが、それはかなり遠い将来になります。

もっと知りたい！　減価償却は先送りできる…？

　減価償却費を損金算入するためには損金経理が必要です。逆に言えば、損益計算書上で費用計上しなければ、減価償却費はいつまでも損金になりません。常に償却不足の状態となり、損金に算入できる権利を放棄し続けていることになります。

　実は、親族のみで経営する会社などで赤字経営が続いている場合は、費用計上を先送りするためにあえて減価償却費を計上しないことも実務ではよくあることです。これは、欠損金の繰越控除制度と深く関係しています。欠損金の繰越控除制度とは、税務上の赤字（欠損金）を将来に繰り越して、向こう10年間で生じた黒字と相殺できるという制度です。ただし、繰り越せるのは10年間という期限があり、期限内に使い切れなかった欠損金は切り捨てられてしまいます。減価償却費を計上しなくても赤字続きで、そもそも将来欠損金が使い切れない心配があるところに、さらに減価償却費を計上して赤字を増やす必要はないのです。

　このような会社は、将来黒字化して税金が発生しそうになってから減価償却を開始しても税務上は何ら問題ありません。つまり、減価償却費という費用を将来税金が発生しそうな事業年度まで"とっておく"ことができるのです。

　しかし、注意が必要なのは、税務上は何ら問題ないということであって、会計上の観点からは少々問題のある処理だということです。なぜなら、そもそも損益計算書は、その会社の正しい収益力を表すものでなければならないからです。正しい収益力を表すためには、毎期継続して適正な減価償却を行う必要があるのは言うまでもありません。

したがって税務上のみの観点から減価償却費の計上を先送りできるのは、親族のみで経営する会社で銀行等外部からの借入がないなど、決算書を外部関係者に開示する必要がない会社に限定されると考えた方がよいでしょう。

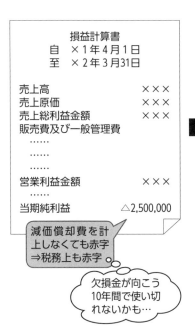

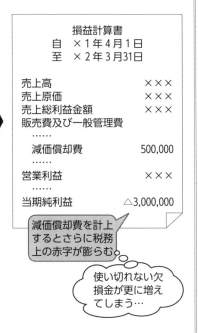

Q 「欠損金の繰越控除」とは？

A 「欠損金」とは税務上の赤字のことをいいます。「欠損金の繰越控除」は、欠損金を翌期以降の所得金額と相殺することができる制度をいいます。

Q 欠損金を繰り越せる期間は？

A 「欠損金の繰越控除」ができるのは、その欠損金が発生した翌年以降、10年間に限られています。（H30.4.1よりも前に開始した事業年度に生じた欠損金は9年間）

18　減価償却費の計上科目

減価償却費勘定はひとつではない

借　方	貸　方
減価償却費　10,000	建物　10,000

減価償却費にも
いろいろ種類がある

工場用建物の減価償却費

減価償却費（製造原価）

賃貸用建物の減価償却費

減価償却費（売上原価）

本店建物の減価償却費

減価償却費（販売費及び一般管理費）

「減価償却費」勘定にもいろいろある

減価償却費は資産の使用目的により計上する勘定科目が変わります。

① 減価償却費（製造原価）

工場用建物や工場で使用している機械装置・器具備品などの減価償却費は製造原価に含まれるため、製造原価の中にある減価償却費勘定で計上します。

② 減価償却費（売上原価）

賃貸用建物の減価償却費など売上に直接紐づくものは、売上原価の中にある減価償却費勘定で計上します。

③ 減価償却費（販売費及び一般管理費）

本店建物や本店で使用している器具備品など、①や②に該当するもの以外の減価償却費は、販売費及び一般管理費の中にある減価償却費勘定で計上します。

決算書の表示

計上する勘定科目がいろいろなので、決算書の表示も以下のようになります。

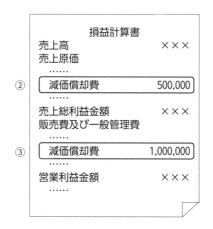

19　減価償却仕訳の計上パターン

直接法と間接法がある

直接法の場合

借　方	貸　方
減価償却費　10,000	建物　10,000

建物勘定の残高＝
建物の未償却残高

間接法の場合

借　方	貸　方
減価償却費　10,000	減価償却累計額　10,000

建物勘定の残高＝
建物の取得価額

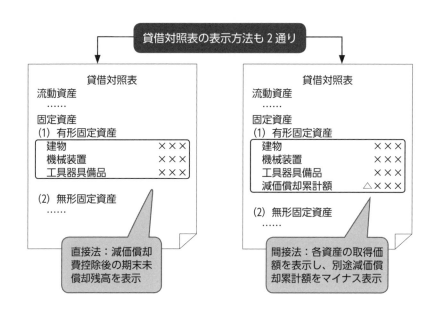

貸借対照表の表示方法も2通り

貸借対照表
流動資産
……
固定資産
(1) 有形固定資産
建物　　　　　×××
機械装置　　　×××
工具器具備品　×××

(2) 無形固定資産
……

直接法：減価償却費控除後の期末未償却残高を表示

貸借対照表
流動資産
……
固定資産
(1) 有形固定資産
建物　　　　　　×××
機械装置　　　　×××
工具器具備品　　×××
減価償却累計額　△×××

(2) 無形固定資産
……

間接法：各資産の取得価額を表示し、別途減価償却累計額をマイナス表示

仕訳計上パターンは2通りある

　仕訳計上パターンは直接法と間接法の2通りがあり、いずれの方法を採用するかは法人の任意とされています。

①　直接法

　建物などの資産勘定を直接減額する方法です。この方法によった場合、資産勘定の残高は未償却残高（取得価額のうち未だ償却していない金額）になります。

②　間接法

　建物などの資産勘定は減額せずに「減価償却累計額」勘定で計上する方法です。この方法によった場合、資産勘定の残高は取得価額になります。

貸借対照表の表示方法も2通りある

　貸借対照表の表示方法も直接法と間接法の2通りがあります。いずれの方法を採用するかは法人の任意とされています。

　上記の期中仕訳計上パターンと必ずしも一致している必要はありません。期中の仕訳計上には間接法を採用（「減価償却累計額」勘定を使用）し、貸借対照表の表示方法のみ直接法を採用している法人も多くあります。

もっと知りたい！　賃借した建物に対する内装工事の耐用年数

　自社が所有する建物内に執務スペースや会議室を作るなどの内装工事を行った場合、この内装工事の耐用年数は何年になるでしょうか？　内装工事などの建物になされた造作は、建物に対する資本的支出に該当しますので、仮に鉄筋コンクリートの建物に内装工事をした場合には、耐用年数は、「鉄筋コンクリート造のもの（事務所用のもの）」の50年になります。

　しかし、賃借したオフィスに施された造作を建物本体の耐用年数で償却するのは適当ではありません。そこで、賃借した建物に対する造作については、建物の耐用年数、その造作の種類、用途、使用材質等を勘案して、合理的に耐用年数を見積り、その見積った耐用年数により償却することができます。

もっと知りたい！　資産除去債務とは？

　上場会社などでは、法令又は契約により、将来、廃棄やリサイクルすることを義務付けられている有形固定資産を取得した場合、「資産除去債務に関する会計基準」が適用されます。資産除去債務に関する会計基準では、有形固定資産の取得時に、将来発生する廃棄費用を見積もり、その見積額を有形固定資産の取得価額に加算し、耐用年数にわたり減価償却費として費用計上します。

　一方、法人税では、将来の廃棄費用は実際に発生している費用ではないため、資産の取得価額に含まれません。計上する減価償却費も損金にならないため、加算調整することになります。

もっと知りたい！ 耐用年数の短縮と増加償却

通常の償却限度額の計算は、取得価額や期首帳簿価額に、法定耐用年数に応じた償却率を乗じることによって一律に計算しますが、割増的に償却限度額を計算できる特例制度があります。

① 耐用年数の短縮

法定耐用年数は、標準的な資産を対象にして一律に定められていることから、個々の減価償却資産の個別事情は考慮されません。したがって、例えば、「材質又は製作方法が他の資産と著しく異なること」「陳腐化したこと」「使用する場所の状況に基因して著しく腐食したこと」などにより、その使用可能期間が法定耐用年数に比べて著しく短くなる場合には、一定の要件のもと、所轄国税局長の承認を受けた短い耐用年数で償却することができます。

② 増加償却

機械装置の法定耐用年数は、通常の作業条件により使用されることを前提に定められています。したがって、実際の使用時間が平均的な使用時間を著しく超えるため、機械装置の消耗が著しいときは、一定の要件のもと、通常の償却限度額に割り増して償却限度額を計算することができます。

第Ⅲ章　武装トレーニング　→解答p.158

1．下記の資産について、選択できる償却方法はどれか？

A　建物、建物附属設備　　　定額法　・　200%定率法

B　機械装置　　　　　　　定額法　・　200%定率法

C　器具及び備品　　　　　定額法　・　200%定率法

D　ソフトウエア　　　　　定額法　・　200%定率法

2．定額法は（　A　）、200%定率法は（　B　）に、耐用年数に応じた
償却率を乗じて計算する方法で、減価償却費は、定額法は（　C　）、
定率法は（　D　）なる。

A　①　取得価額　　　②　帳簿価額

B　①　取得価額　　　②　帳簿価額

C　①　毎期定額に　　②　初期ほど大きく

D　①　毎期定額に　　②　初期ほど大きく

3．200%定率法は、（　　　　　　）以後に取得した減価償却資産に適用
される。

①　平成19年4月1日

②　平成24年4月1日

③　平成28年4月1日

4．減価償却資産は、（　　　　　　）から減価償却することができる。

①　取得の日　　　②　事業の用に供した時

5．法定耐用年数22年、経過年数25年の中古資産を取得した場合の、簡
便法による見積耐用年数は（　　　　　　）である。

①　2年　　②　3年　　③　4年

6．会計上費用計上した減価償却費が、税務上の償却限度額を超える場
合には、償却超過額として法人税申告書で（　　　　　）する。

①　加算調整　　　②　減算調整

第IV章

リース資産

1 リースとは

資産の賃貸借契約の一形態

Point
● リースは、リース会社が借り手の希望する物品を購入し、その物品を借り手に賃貸する点が特徴です。

レンタル

レンタル会社が所有している
資産を賃貸する

レンタル会社　　レンタル　→　借り手

リース

リース会社が借り手の希望する
物品を購入して賃貸する

リース会社　　リース　→　借り手
購入

リースとは

　リースとは資産を賃貸借する（貸し借りする）契約形態の一種です。レンタルも賃貸借の一種ですが、レンタルはレンタル会社が所有している資産を賃貸する取引であるのに対し、リースはリース会社が借り手の希望する物品をメーカー等から購入し、その物品を賃貸する取引です。賃貸借取引ですから、資産の所有権はリース会社にあります。

リース取引には2種類ある

　税務上、リース取引は、リース開始時にリース資産の売買があったものとして取り扱われるファイナンスリース取引と、単なる資産の賃貸借として取り扱われるオペレーティングリース取引に分けられます。

実践への武装

購入する？　リースにする？

　リースにより設備投資するメリットとしては、資産の購入資金としての一時金を調達する必要がない、銀行借入枠を消化せずに設備投資が可能となる、各種費用相当額がリース料に含まれているため保険契約や税金の支払いなど事務的に煩わしい思いをしなくて済む、リース料が毎月一定なので突発的な資金負担の心配がなくコストの把握が容易、などが挙げられます。自ら購入した場合の資金繰りや事務的な負担などを勘案して、購入するかリースにするかを決めるわけです。

2　デジタル複合機のリース―所有権移転外ファイナンスリース

2つの大きな特徴がある

> **Point**
> - ファイナンスリースとは、借り手がリース料の支払を通じてリース資産の購入費用その他の諸費用を全額負担することとなっており、原則として中途解約ができないものをいいます。
> - ファイナンスリースのうち、資産の所有権が借手に移転しないものを、所有権移転外ファイナンスリースといいます。

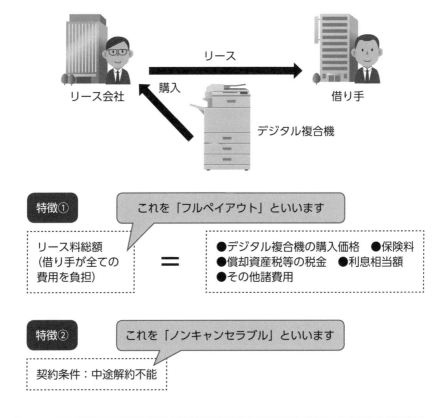

デジタル複合機のリースと自動車リース

　デジタル複合機や自動車は、法人の規模を問わずリースすることの多

い資産です。しかし、デジタル複合機と自動車とではリースの契約形態と会計処理の考え方が全く異なります。

デジタル複合機のリース契約の特徴

　リース会社は借り手が希望する複合機を購入して借り手にリースします。リース会社は借り手のためにその複合機を購入したわけですから、借り手は原則としてリース契約を途中で解約することはできません。

　リース料の総額は、複合機の購入価格に加え、リース期間にわたる保険料や税金などリース会社で発生する諸費用や利息相当額などの合計となります。また、リース期間は、通常はその資産の法定耐用年数に近い年数に設定されます。

所有権移転外ファイナンスリースとは

　借り手がリース料の支払を通じてリース資産の購入費用その他の諸費用を全額負担（＝フルペイアウト）し、原則として中途解約ができない（＝ノンキャンセラブル）というようなリースの契約形態を「ファイナンスリース」といい、そのうち、資産の所有権が借手に移転しないものを、所有権移転外ファイナンスリースといいます。デジタル複合機のリース契約の多くは、この契約形態がとられています。

実践への武装

デジタル複合機リースがフルペイアウトとなる理由

　リースは資産の賃貸借契約であるため、デジタル複合機はリース期間が終了するとリース会社に返却されます。返却されたデジタル複合機は、もはや型式が古く中古で販売することは困難です。したがって、リース会社はデジタル複合機にかかった費用の全額をリース期間で回収する必要があり、結果としてリース料総額はその複合機の購入価格とその他の諸費用の合計額相当となるのです。

3　自動車のリース―オペレーティングリース

リース料総額が資産の購入価格よりも安くなるリース

Point
- オペレーティングリースとは、リース料総額がその資産の購入価格よりも安く設定されている形態のリース契約をいいます。

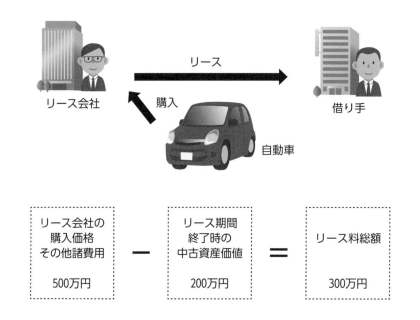

自動車リース

　自動車は中古市場における取引が活発です。したがって、自動車リースの場合は、リース期間が終了して自動車がリース会社に返却されても、リース会社はその自動車を中古市場で販売できることになります。そのため、リース料総額は、リース会社におけるその自動車の購入価格及び諸費用の合計額から中古資産価値を差し引いた金額に設定されていることがほとんどです。

　逆に借り手にとっては、自動車を購入するよりも安い金額でその自動車をリースすることができるわけです。

オペレーティングリース

　自動車リースのように、リース期間のリース料総額がその資産の購入価格等よりもかなり安く設定されている形態のリース契約を「オペレーティングリース」といいます。中古市場が活発な資産はオペレーティングリースになることがほとんどです。

デジタル複合機と自動車のリースは実務でよく出てくるので、特徴を知っておこう

わかりました！

4　リース取引の会計処理

資産計上するケースと支払リース料処理するケースなどがある

Point

- 所有権移転外ファイナンスリースとオペレーティングリースでは、会計処理の考え方が全く異なります。

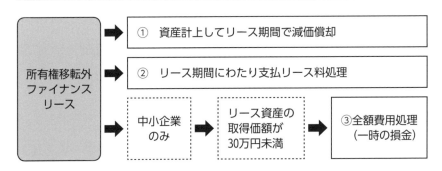

所有権移転外ファイナンスリース

① 資産計上してリース期間で減価償却

② リース期間にわたり支払リース料処理

中小企業のみ → リース資産の取得価額が30万円未満 → ③全額費用処理（一時の損金）

所有権移転外ファイナンスリースによる資産には、10万円未満の場合の少額減価償却資産（p.20参照）や、20万円未満の場合の一括償却資産（p.22参照）の適用はない

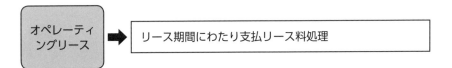

オペレーティングリース → リース期間にわたり支払リース料処理

所有権移転外ファイナンスリースの会計処理

① 資産計上して減価償却

中途解約不可で、その資産の購入価格と諸費用を借り手がすべて負担することになっているリース契約の場合、実質的には借り手自らがその資産を購入したのと同じといえます。したがって、会計処理も原則としてその資産を減価償却資産として計上し、リース期間にわたり定額の減価償却を行うこととされています（p.86参照）。

② 支払リース料処理

リース資産を資産計上するということは固定資産台帳に登録するということであり、その後の減価償却計算にも手間がかかります。そこで、リース料の総額が300万円以下のリース契約の場合は、リース料の支払の都度、支払リース料勘定で費用処理してもよいこととされています。デジタル複合機のように金額が大きくない資産は、支払リース料処理していることがほとんどです。

中小企業ではリース料総額がいくらであるかにかかわらずこの処理が認められています。したがって、上場会社の子会社でない限りは資産計上せずに支払リース料処理していることがほとんどです。

③ リース資産の取得価額が30万円未満の場合（中小企業のみ）

中小企業には取得価額30万円未満の資産を一時の損金にできる特例が設けられています（p.24参照）。所有権移転外ファイナンスリースによる資産もこの特例の対象になるため、要件を満たす場合には全額費用処理が可能です。

オペレーティングリースの会計処理

自動車リースのようなオペレーティングリースは、リース料支払の都度、支払リース料勘定に計上します。

5　リース資産の償却方法—リース期間定額法

リース期間にわたり毎期同額の減価償却費を計上

> **Point**
> - 所有権移転外ファイナンスリースによる資産は、リース期間定額法により減価償却を行います。
> - リース期間定額法は、リース期間にわたり毎期同額の減価償却費を計上する方法です。

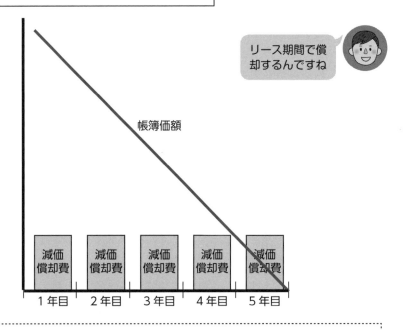

| リース期間定額法　リース期間の月数60ヶ月 | ※期首にリース開始 |

リース期間で償却するんですね

帳簿価額

減価償却費	減価償却費	減価償却費	減価償却費	減価償却費
1年目	2年目	3年目	4年目	5年目

> リース期間定額法の特徴
> - 減価償却費はリース期間にわたり毎期同額になる
> - リース期間で全額償却できる
> - リース資産の取得価額＝リース料総額※＋事業供用費用
>   ※利息相当分を合理的に区分できる場合には差し引くことも可
> - 計算式：取得価額×その事業年度におけるリース期間の月数／リース期間月数

■ リース期間定額法のイメージ

リース料総額	1,000,000円
リース期間	60ヶ月
事業年度の月数	12ヶ月
償却方法	リース期間定額法

※リース期間は期首に開始したものとする

	減価償却費	計算方法	期末帳簿価額
1年目	200,000円	1,000,000円×12ヶ月／60ヶ月＝200,000円	800,000円
2年目	200,000円	1,000,000円×12ヶ月／60ヶ月＝200,000円	600,000円
3年目	200,000円	1,000,000円×12ヶ月／60ヶ月＝200,000円	400,000円
4年目	200,000円	1,000,000円×12ヶ月／60ヶ月＝200,000円	200,000円
5年目	200,000円	1,000,000円×12ヶ月／60ヶ月＝200,000円	0円

■ リース期間定額法の特徴

　減価償却資産の減価償却は耐用年数にわたって行われますが、リース期間定額法は、リース期間にわたり減価償却していくところに特徴があります。大まかに言うならば、「毎月の支払リース料と同額を減価償却費として計上する方法」と考えてよいでしょう。

実践への武装

リース期間定額法によるものは別表添付が必要

　リース期間定額法で減価償却を行う資産がある場合には、法人税申告書に別表16（4）を添付することとされています（申告書別表の詳細はp.58参照）。支払リース料処理した場合は別表の添付が必要ありませんので、手間としては大きな差といえます。

もっと知りたい！　リース物件に建物附属設備が含まれていたら…

　建物附属設備のような、一般に移設が困難と考えられる資産もリース物件として契約することがあります。

　リース物件である限り、リース期間終了後はリース会社に返却することが前提です。その建物附属設備が、返却しようとするならば取り壊すしかない状況にある場合など、当初から返却を予定していないと認められるときは、たとえリース契約によりその建物附属設備を使用していたとしても、借り手である法人自らがその建物附属設備を購入した場合と全く同様に取り扱うこととされています。すなわち、償却方法はリース期間定額法ではなく定額法が適用され、法定耐用年数で償却することになるわけです。

　このようなリース取引を「所有権移転ファイナンスリース取引」といいます。

第Ⅳ章　武装トレーニング　→解答p.159

1. 税務上、ファイナンスリース取引は、（　　　　　）として取り扱われる。
　　①　売買があったもの　　②　賃貸借

2. 税務上、オペレーティングリース取引は、（　　　　　）として取り扱われる。
　　①　売買があったもの　　②　賃貸借

3. 所有権移転外ファイナンスリースによる資産の償却方法はどれか？
　　①　定額法　　②　定率法　　③　リース期間定額法

第Ⅴ章

特別償却

1 特別償却とは

通常の償却限度額に上乗せして償却を認める制度

Point
- 法人の設備投資の促進や中小企業の支援などの観点から、通常の償却限度額に上乗せして減価償却を認める特別償却制度が設けられています。

【特別償却の適用を受ける場合の償却限度額】

| 償却限度額 | ＝ | 普通償却 限度額 | ＋ | 特別償却 限度額 |

Q 特別償却限度額とは？

A 特別償却の適用による償却限度額を特別償却限度額といいます。

Q 普通償却限度額とは？

A 特別償却制度の中では通常の償却限度額を普通償却限度額と呼び、特別償却限度額と区別しています。

特別償却という制度はなぜあるの？

特別償却とは

　減価償却の制度には、通常の償却限度額とは別枠でさらに償却を認める特別償却という制度があります。これは、法人の設備投資の促進（設備投資が増えれば日本の基幹産業である製造業が潤う！）や、中小企業の支援（損金算入額が増えるとなれば財務基盤が弱い中小企業でも設備投資がしやすくなる！）などの政策的な観点から設けられている制度です。

　特別償却制度は、中小企業しか適用が受けられないもの、大企業も適用が受けられるものなど様々です。対象資産や対象業種なども制度ごとに細かく定められています。

　特別償却制度は、適用が受けられる期限が定められていることが特徴です。税制改正により延長が繰り返されているものもありますが、期限をもって終了となる制度もあります。

償却限度額

　特別償却の適用を受ける事業年度の償却限度額は、普通償却限度額と特別償却限度額の合計額となります。特別償却の適用により、通常の減価償却に上乗せして減価償却ができることになるため、資産の取得価額を早期に費用化することが可能になります。

特別償却の適用を受けるための要件

　特別償却の適用を受けるためには、青色申告法人であることや損金経理などの一定の経理を行うこと、法人税申告書に特別償却限度額の計算に関する別表を添付することなど、制度ごとに様々な要件が付されています。制度によっては、特別償却の対象となる資産に該当することを示す証明書等を法人税申告書に添付することが必要になるものもあります。

2　特別償却限度額の定め方

制度によりいろいろ

Point
- 特別償却限度額を「取得価額の〇%相当」としている制度や、普通償却限度額との合計でいわゆる即時償却を認める制度など、特別償却限度額の定め方は制度により異なります。

《前提》
　取得価額1,000　事業供用事業年度の普通償却限度額　100

【例1】特別償却限度額を「取得価額の30%」とする制度の適用を受ける場合

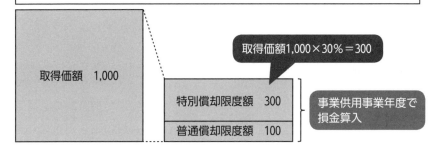

【例2】特別償却限度額を「取得価額から普通償却限度額を控除した金額」とする制度の適用を受ける場合

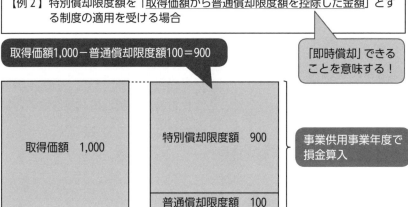

特別償却限度額の定め方

　特別償却限度額の定め方は制度により異なります。

①　「取得価額の〇％」としているケース

　例えば特別償却限度額を「取得価額の30％」としている場合は、普通償却限度額とは別に取得価額の30％相当の特別償却ができます。

②　「取得価額から普通償却限度額を控除した金額」としているケース

　いわゆる「即時償却」と呼ばれるものです。普通償却限度額と特別償却限度額の合計で取得価額全額をその事業年度の損金に算入することができます。

③　「普通償却限度額の〇％」としているケース

　例えば特別償却限度額を「普通償却限度額の12％」としている場合は、普通償却限度額とは別に普通償却限度額の12％相当の特別償却ができます。

特別償却はいつ適用が受けられる？

　特別償却は、原則として対象となる資産を事業の用に供した事業年度において適用を受けることができます。

実践への武装

特別償却不足額は翌期に繰り越せる！

　通常の減価償却の制度（普通償却）では、減価償却費として費用計上した金額が償却限度額に満たない場合（償却不足額がある場合）には、損金算入できる権利を放棄したものとして、その事業年度の償却不足額は切り捨てられます。特別償却制度では、償却不足額は翌期に繰り越し、翌期に特別償却の適用を受けることも可能です。繰り越す場合は法人税申告書に一定の別表を添付するなどの要件はありますが、通常の減価償却制度との大きな違いといえます。

3　特別償却による費用化のイメージ

特別償却した分、取得価額を早期に費用化できる

Point
- 減価償却は資産の取得価額を費用化する手続きです。特別償却を適用すると費用化のスケジュールが前倒しになります。

- ●取得価額1,000
- ●法定耐用年数10年　定額法（償却率0.1）
- ●普通償却限度額＝1,000×0.1＝100
- ●期首に事業供用

【特別償却の適用を受けない場合の減価償却】

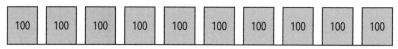

【特別償却の適用を受ける場合の減価償却】
※特別償却限度額は取得価額の30％と仮定

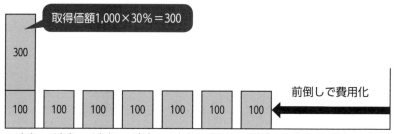

×1年度の特別償却

取得価額の30%を特別償却として減価償却費に計上します。

減価償却費　300　／　減価償却累計額　300

×1年度～×7年度の普通償却

　取得価額（1,000）から特別償却額（300）を控除した金額（700）が、普通償却により費用化する金額となります。したがって、特別償却を行わない場合と比べて早期に費用化が終了することになります。

減価償却費　100　／　減価償却累計額　100

実践への武装

特別償却の経理方法

　特別償却費を減価償却費に計上すると、その事業年度の利益の金額が大きく減少することになります。特別償却という税務上の制度により費用計上のルールが歪められ、企業の利益が大きく左右されることは企業会計上好ましいことではありません。そこで、上場会社等が特別償却の適用を受ける場合は、利益の金額に影響を及ぼさないように、「剰余金処分方式」と呼ばれる以下の経理処理が行われることがあります。

繰越利益剰余金　300　／　特別償却準備金　300

　この処理が行われた場合は特別償却費が費用計上されないため、法人税の所得計算上、特別償却費の300を減算調整することで損金に算入します。
　ここで疑問です。この処理を行った場合、減価償却費として耐用年数にわたり費用計上する金額は、通常通りその資産の取得価額総額（1,000）になります。そうすると、損金に算入する金額の合計額は結果として1,300になる？　いえいえ、1,000の資産を購入したのだから損金になるトータル金額が1,000を超えることはありません。1,000を超えることのないように、この処理を行った場合はその後の事業年度で少し難しい調整計算を行うこととされています（次頁参照）。

もっと知りたい！ 剰余金処分方式で特別償却した場合のその後の処理

《前提》

- ●取得価額1,000　●法定耐用年数 5 年　定額法（償却率0.2）
- ●普通償却限度額＝1,000×0.2＝200　●期首に事業供用
- ●特別償却限度額300　剰余金処分方式を採用する

減価償却費の計上

×1年度	減価償却費 200／減価償却累計額 200	
×2年度	減価償却費 200／減価償却累計額 200	
×3年度	減価償却費 200／減価償却累計額 200	損金算入額 合計1,000
×4年度	減価償却費 200／減価償却累計額 200	
×5年度	減価償却費 200／減価償却累計額 200	

特別償却準備金の計上と取崩し

×1年度	繰越利益剰余金 300／特別償却準備金 300	300 減算調整	
×2年度	特別償却準備金 60／繰越利益剰余金 60	60 加算調整	
×3年度	特別償却準備金 60／繰越利益剰余金 60	〃	損金算入額 合計0
×4年度	特別償却準備金 60／繰越利益剰余金 60	〃	
×5年度	特別償却準備金 60／繰越利益剰余金 60	〃	
×6年度	特別償却準備金 60／繰越利益剰余金 60	〃	

剰余金処分方式によった場合は、特別償却準備金の金額をその積み立てた事業年度の翌事業年度から数年間にわたって均等に取り崩して益金に算入することとされています。

《益金に算入する期間と各事業年度の益金算入額》

●資産の法定耐用年数が10年以上の場合⇒７年間で益金算入

$$益金算入額＝特別償却準備金積立額 \times \frac{その事業年度の月数}{84}$$

●資産の法定耐用年数が５年以上10年未満の場合⇒５年間で益金算入

$$益金算入額＝特別償却準備金積立額 \times \frac{その事業年度の月数}{60}$$

●資産の法定耐用年数が５年未満の場合⇒法定耐用年数に相当する期間で益金算入

$$益金算入額＝特別償却準備金積立額 \times \frac{その事業年度の月数}{法定耐用年数 \times 12}$$

　具体的には左頁の例のようになります。

　取得価額1,000については通常の減価償却を通じて全額損金に算入します。特別償却部分は会計上費用処理されませんので、税務上のみ×１年度で300を減算調整することで損金算入し、その後５年間にわたり均等に加算調整することで×１年度の損金算入額を全額取り消すような処理をします。結果としてトータルで損金に算入できるのは、資産の取得価額相当である1,000となるのです。

　なお、対象とした資産を除却・売却等した場合には、特別償却準備金の残額全てを、その除却等した事業年度で益金算入することになります。

4　特別償却制度の例―中小企業が機械等を取得した場合

取得価額×30%を特別償却できる

> **Point**
> - 中小企業が機械等を取得した場合に特別償却が認められる制度です。
> - 対象資産の範囲や対象業種が細かく決められています。

【制度概要】

> ① 青色申告書を提出する中小企業者等が
> ② 令和5年3月31日までに
> ③ 新品の機械装置など（注1）を取得し又は製作して
> ④ 国内で行う事業の用に供した場合（注2）には
> ⑤ 事業の用に供した日を含む事業年度で
> ⑥ 取得価額の30%（注3）の特別償却を認める
> ⑦ ただし法人税の確定申告書に特別償却の別表を添付することが要件

（注1）　対象資産の範囲	（注3）　特別償却限度額
① 160万円以上の機械装置 ② 120万円以上の一定の測定工具、検査工具 ③ 70万円以上の一定のソフトウエア ④ 一定の貨物自動車	取得価額×30%
⑤ 内航海運業の用に供される船舶	取得価額×75%×30%

（注2）　対象業種
製造業、建設業、農業、林業、漁業、水産養殖業、鉱業、卸売業、道路貨物運送業、倉庫業、港湾運送業、ガス業、小売業、不動産業、物品賃貸業など一定の業種

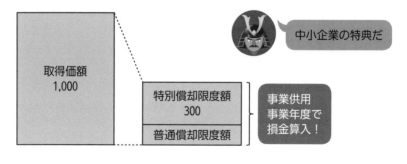

中小企業の特典だ

取得価額
1,000

特別償却限度額
300

普通償却限度額

事業供用
事業年度で
損金算入！

制度の概要

　この制度は一般に「中小企業者等が機械等を取得した場合の特別償却」あるいは「中小企業投資促進税制」と呼ばれています。適用期限は設けられていますが、対象資産の見直しなどがされた上で延長が繰り返され現在に至っています。

中小企業者等とは

　資本金が１億円以下の法人をいいます。ただし、大規模法人（資本金が１億円超の法人、資本金が５億円以上の法人の100％子会社など）１社に発行済株式の１／２以上を所有されている法人や、複数の大規模法人に発行済株式の２／３以上を所有されている法人、所得金額が過去３年間の平均で15億円超の法人は、この制度の対象外です。

実践への武装

特別償却と税額控除の選択

　資本金が３千万円以下の中小企業者等が機械等を取得した場合には、特別償却に代えて、取得価額の７％相当の税額控除（計算した法人税額から一定額を差し引くこと）を受けることができます。取得価額が１千万円の機械装置を取得した場合は、法人税額を70万円少なくすることができるわけです。特別償却は資産の取得価額を早期に費用化できる効果がありますが、トータルの損金算入額は取得価額を超えることはありません。一方、税額控除を選択すると、取得価額全額が減価償却を通じて損金算入できるのに加え、取得価額の７％相当の税額控除を受けることができるため、特別償却よりもメリットは大きいといえます。しかし、赤字の法人の場合は、そもそも税額控除を受ける前の段階で法人税額がゼロであるため、税額控除を適用する意味がありません。税額控除も特別償却と同様に一年間の繰り越しが認められていますので、自社の税額発生見込み等を勘案してどちらの制度を適用するか決めるわけです。

　なお、所有権移転外ファイナンスリース（第Ⅳ章参照）により使用している資産は特別償却の対象になりませんが、税額控除の対象にはなります。

第Ⅴ章　武装トレーニング　→解答p.160

1．特別償却は、償却限度額が普通償却限度額と特別償却限度額の合計
　額となり、資産の（　　　　　　　）費用化ができる。
　　①　取得価額を超える　　②　取得価額の早期

2．特別償却は、特別償却準備金として経理する剰余金処分方式が
　（　　　　　　）。
　　①　認められる　　②　認められない

3．中小企業者等が機械等を取得した場合の特別償却は、（　　A　　）
　機械装置などを取得して国内で行う事業の用に供した場合には、
　（　　B　　）を含む事業年度で、取得価額の（　　C　　）の特別
　償却を認める制度である。
　A　①　新品の　　　②　中古の　　　③　新品、中古に限定なく
　B　①　取得の日　　②　事業の用に供した日
　C　①　10%　　　②　30%　　　③　50%

第VI章

圧縮記帳

1　圧縮記帳とは

圧縮記帳は課税を繰り延べるための制度

Point
- 圧縮記帳は、発生した利益に対し、一時に課税しないようにするための制度です。

国からの補助金5,000により、資産（法定耐用年数10年、定額法で償却、償却率0.1）を10,000で取得

●圧縮記帳を行わない場合

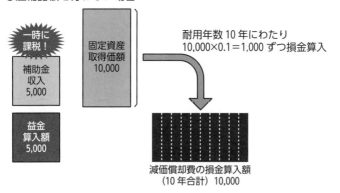

耐用年数10年にわたり
10,000×0.1＝1,000 ずつ損金算入

減価償却費の損金算入額
（10年合計）10,000

●圧縮記帳を行う場合

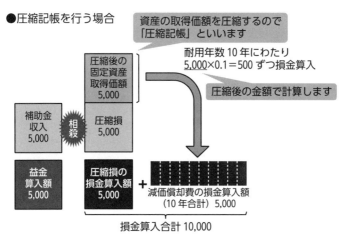

資産の取得価額を圧縮するので「圧縮記帳」といいます

耐用年数10年にわたり
5,000×0.1＝500 ずつ損金算入

圧縮後の金額で計算します

減価償却費の損金算入額
（10年合計）5,000

損金算入合計 10,000

圧縮記帳とは

　法人が補助金や保険金を受領した場合には、これらの金額は受領時の益金として法人税等が課されます。税率を30％と仮定すると、補助金等に課税されることにより、法人の手元には70％相当額しか残りません。これらの補助金等を固定資産の取得に充てる場合であっても同様に課税されるとなると、受領した補助金等の70％相当額しか固定資産の取得に充てられないことになってしまいます。

　そこで、一定の固定資産を取得する等の要件を満たす場合には「圧縮損」という損金の計上を認め、補助金等に対する課税を繰り延べる制度が「圧縮記帳」といわれる制度です。

圧縮損を損金算入するための要件

　圧縮損を損金算入するためには、損金経理などの一定の経理を行うことや法人税申告書に圧縮限度額の計算に関する別表を添付することなど、様々な要件があります。

実践への武装

圧縮記帳は "ゆるやかに課税" する制度

　左頁の例にあるように、圧縮記帳を行うと国からの補助金収入と資産の圧縮損が相殺されるため、補助金に対する一時の課税は発生しません。その代わり減価償却費は圧縮記帳を行わない場合と比べて毎期500少なくなるため、10年間にわたり"ゆるやかに課税"されることになります。10年間トータルで考えれば、圧縮記帳を適用してもしなくても、益金算入額は補助金相当額の5,000であり、損金算入額は固定資産の取得価額相当額の10,000であることに変わりはありません。

　これが、圧縮記帳が課税の繰り延べと言われる所以です。圧縮記帳は資産の取得価額を費用化する手法のひとつではありますが、あくまでも課税の繰延べを目的とする制度なのです。

2　圧縮記帳ができる制度

制度もいろいろ、圧縮限度額の計算方法もいろいろ

●国庫補助金等により資産を取得した場合

●災害等により被害を受けた資産の代替資産を保険金により取得した場合

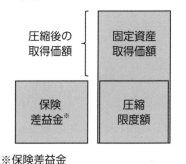

※保険差益金
　＝保険金額－被害資産の帳簿価額等

●同種の資産の交換により新たに資産を取得した場合

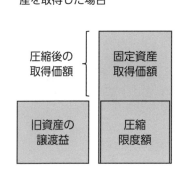

●一定の資産の買換えをした場合

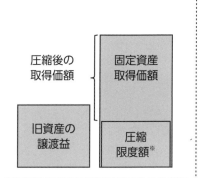

※圧縮限度額は旧資産譲渡益の全額にはなりません。

圧縮記帳制度のいろいろ

　圧縮記帳の制度には、補助金収入や保険金収入による利益に一時に課税しないための制度、同種の資産の交換や一定の資産の買換えをした場合の譲渡益に課税しないための制度などがあります。

　各制度の要件に該当する場合には、圧縮限度額の範囲内で圧縮損を計上することができます。圧縮限度額の計算方法は適用する制度により異なりますが、ケースによっては、発生した利益・譲渡益の全額を圧縮損で相殺できないこともあります。

圧縮損の経理方法

　圧縮損500を計上する場合の会計処理は以下の通りです。

固定資産圧縮損 500　／　資産　500

実践への武装

圧縮損の経理方法

　圧縮損の経理方法は、上記の「固定資産圧縮損」で計上する方法の他に以下のような方法も認められています。この方法は「剰余金処分方式」と呼ばれます。

繰越利益剰余金　500　／　圧縮積立金　500

　この処理が行われた場合は圧縮損が費用計上されないため、法人税の所得計算上、圧縮額500を減算調整することで損金に算入します。

　ここで疑問です。この処理を行った場合、資産の取得価額そのものを減額（圧縮）していないため、資産の取得価額が1,000とすると、減価償却費として耐用年数にわたり費用計上する金額は、通常通り取得価額総額の1,000になります。そうすると、損金に算入する金額の合計額は結果として1,500になる？　いえいえ、1,000の資産を購入したのだから損金になるトータル金額が1,000を超えることはありません。圧縮損を費用計上した場合と全く同じ所得金額になるように、この処理を行った場合はその後の事業年度で少し難しい調整計算を行うこととされています（次頁参照）。

もっと知りたい！ 剰余金処分方式で圧縮記帳した場合のその後の処理

《前提》

- ●取得価額1,000
- ●法定耐用年数5年　定額法　償却率0.2
- ●期首に事業供用
- ●国からの補助金500　剰余金処分方式を採用する
  - ① 【会計】各年度の減価償却費計上額＝1,000×0.2＝200
  - ② 【税務】各年度の償却限度額＝（1,000－500）×0.2＝100
  - ③ 各年度の減価償却超過額＝①－②＝100

圧縮積立金の計上と取崩し

×1年度	繰越利益剰余金 500／圧縮積立金 500	圧縮限度額500を減算調整
	圧縮積立金 100／繰越利益剰余金 100	
×2年度	圧縮積立金 100／繰越利益剰余金 100	
×3年度	圧縮積立金 100／繰越利益剰余金 100	
×4年度	圧縮積立金 100／繰越利益剰余金 100	
×5年度	圧縮積立金 100／繰越利益剰余金 100	

減価償却費の計上と減価償却超過額

×1年度	減価償却費 200／減価償却累計額 200	減価償却超過額100を加算調整
×2年度	減価償却費 200／減価償却累計額 200	〃
×3年度	減価償却費 200／減価償却累計額 200	〃
×4年度	減価償却費 200／減価償却累計額 200	〃
×5年度	減価償却費 200／減価償却累計額 200	〃

剰余金処分方式によった場合は、圧縮損を費用計上した場合と全く同じ所得金額になるように、その後の事業年度で少し難しい調整計算を行うこととされています。

【×1年度】

① 圧縮損部分の処理

　損益計算書上で圧縮損の金額が費用計上されないため、補助金の500を圧縮額として法人税別表4において減算調整して損金に算入します。

② 減価償却部分の処理

　税務上の償却限度額は、圧縮額控除後の取得価額（500）に基づいて計算した金額（100）となります。会計上の減価償却費は当初の取得価額（1,000）に基づいて計算した金額（200）が計上されるため、償却超過額（100）を別表4において加算調整します。これにより、各年度において100が税務上の減価償却費として損金に算入されます。

【×2年度以降】

　上記×1年度の「②減価償却部分の処理」と同様の処理を行います。

　このような税務調整を行うことにより、圧縮積立金として積み立てた場合も圧縮損を費用計上した場合も、最終的な所得金額への影響額は全く同じになるのです。

これで圧縮記帳は完璧だ！

第Ⅵ章　武装トレーニング ➡解答p.160

1．圧縮記帳とは、法人が受領した補助金や保険金に対する法人税の課
　税を（　　　）制度である。
　　①　免除する　　②　繰り延べる

第Ⅶ章

資本的支出と修繕費

1　資本的支出とは

資本的支出は資産に該当する

Point
- 修繕のために支出したものであっても、全てが費用になるわけではありません。
- 資産の使用可能期間が延びるような場合などは、資産として取り扱う必要があります。

【修繕費と資本的支出の基本的な考え方】

支出の内容	区分	取扱い
資産の通常の維持管理及び原状回復のため等の支出	修繕費	支出時の損金になる
資産の寿命の延長又は価値の増加をもたらす支出	資本的支出	資産として計上し、減価償却を行う

●通常の維持管理に要するもの
●壊れた部分を元に戻すための修理

修繕費として
支出時の損金

この程度を超える修繕は……

資本的支出として資産計上が必要！

例えば、その修繕により……
●資産の寿命（使用可能期間）が延びた
●資産の価値が増加した

修繕だからといって費用になるわけではない

　資産の修理、改良等のために支出した費用であっても、その支出の効果により、支出時の費用として取り扱う修繕費と、資産の取得として取り扱う資本的支出に区分する必要があります。資本的支出とは、その支出により、資産の「寿命（使用可能期間）の延長」又は「価値の増加」をもたらすものをいいます。

本来の計算方法は難しいため、実務上は簡易的な方法で判断することが多い

　資本的支出の金額は、本来は、「寿命が延びた期間」と「増加した価値」を基に計算することになっています。しかし、実際にこの計算を行うことは難しいため、実務上はp.114に掲げるフローチャートで判断することがほとんどです。

本来は「寿命の延長」と「価値の増加」を基に計算する必要がある

ただし、実際にこの計算を行うことは難しいのだ

2 資本的支出と修繕費の区分

まずは例示でイメージしよう

Point
- 資産の修理、改良等のために支出した金額が、資本的支出となるか修繕費となるのかは、下記の例示を参考に検討します。

支出の内容		資本的支出	修繕費
建物の避難階段の取付等物理的に付加したもの		○	
用途変更（利用の内容が変化するもの）のための改造又は改装		○	
建物の外壁塗装	元の材質よりも高級素材を使用した塗装（従前の材質による通常の塗装に要する金額を超える部分）	○	
	汚れやひび割れ等の劣化を元に戻すための塗装		○
	老朽化による防水効果が薄れたための防水塗装（従前と同程度の材質を使用）		○
	雨漏り防止のための新たな防水塗装	○	
機械・器具の部品交換	品質や性能の高い部品への交換（通常の交換に要する金額を超える部分）	○	
	劣化による部品交換（交換前と同程度の性能）		○
ソフトウエア	新たな機能の追加、機能の向上等仕様の大幅な変更	○	
	バグ取り費用、デザイン変更費用、毎月の保守料		○
	ウイルス除去ソフトの導入費用	○	
	ウイルスの被害復旧費用		○

"維持管理" "元の状態に戻す" といったこと以上のことをしているので『資本的支出』に該当する。

修繕の内容を例示に当てはめてみる

　資本的支出は資産の価値を高め、その耐久性を増すことになるものであり、修繕費は機能の維持管理や原状回復のためのものです。実際に修繕を行った場合には、この原則を念頭に置き、左頁の例示を参考にしながら資本的支出に該当するかどうかの判定をしましょう。

　新たな資産の取得といえるものや既存の資産に対する機能の追加、物理的な付加として支出したものは資本的支出に該当します。塗装や部品の交換においては、修繕前と比較して高性能のものに交換等した場合には、通常の交換等に要する金額を超える部分の金額が資本的支出に該当することになります。

社会的関心の高いものは判断基準が公表されることもある

　LED照明への交換費用や、消費税率の引き上げに伴うシステム改修費用など、その時々の社会情勢や国の政策などを背景とした社会的関心の高いものに関する取扱いについては、国税庁から修繕費に該当するか否かの判断基準が個別に公表されることがあります。

情報の収集も大事だぞ

実践への武装

資本的支出か否かは修繕の経緯まで含めて考える

　土地についても修繕費が生じることがあります。地盤沈下した土地を沈下前の状態に回復するために行う地盛りに要した費用は修繕費に該当しますが、土地の取得後直ちに地盛りを行った場合は修繕とはいえません。例えば、既に沈下している土地を安く取得して地盛りを行った場合は、資本的支出として土地の取得価額になります。土地の価値が増加しているからです。

3　資本的支出と修繕費の判定の形式的基準

形式的基準をうまく活用する

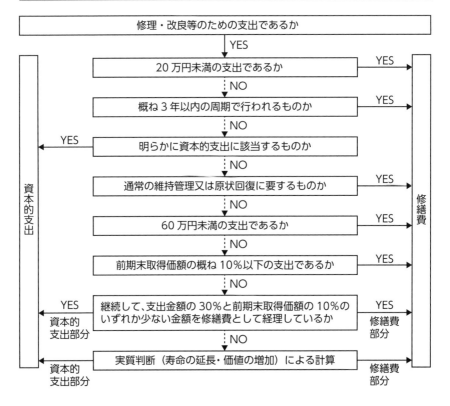

なるほど！　このフローチャートで　判断すれば良いんだ！

■ フローチャートを上から順番に見ていく

　修理・改良等の費用の額が20万円未満の場合又は概ね3年以内の期間を周期として行われることが明らかな場合は、その修理等の内容を問わず、修繕費として処理することができます。それ以外の場合は、まず修理等の内容により（p.112の例示を参考に）、明らかに資本的支出か修繕費に該当するかを判断し、それでも判断がつかない場合は、支出額が60万円未満か、前期末取得価額の概ね10％以下であるか、という流れで判断をしていきます。

> 「概ね3年以内の周期」は、過去の実績などからみて明らかである
> 必要がある。資料の保管も重要だ

■ 書類だけに頼らずに現物を確認する

　修繕の場合に限ったことではありませんが、請求書や領収書、見積書などの書類を見ただけでは、修繕の内容を十分に把握するのが難しいことが多々あります。これらの書類の確認はもちろんですが、現地で実際の修繕の確認を行い、必要に応じて現場の担当者の方などに、修繕の目的、内容、頻度、過去の修繕の実績、今後の修繕の計画などについてヒアリングを行うことも重要です。

実践への武装

現場担当者の話も聞いてみる

　資本的支出と修繕費の正確な区分を行うには、その前提として、機械装置等の設備やソフトウエアなどに関する専門的知識が必要となることもあります。経理担当者では分からないことは、実際に現場で業務に携わる方に話を聞きましょう。

4　資本的支出に該当した場合の減価償却費の計算

元の資産とは別に計算する

> **Point**
> ● 資本的支出は資産の取得に該当することから、減価償却により費用化していくことになります。

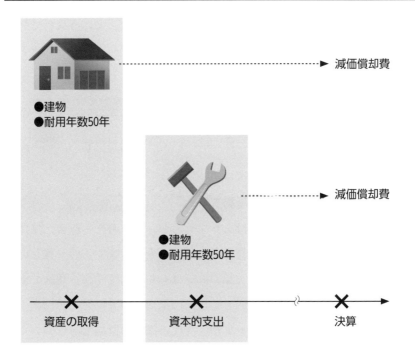

●建物
●耐用年数50年

━━━▶ 減価償却費

●建物
●耐用年数50年

━━━▶ 減価償却費

✕　　　　　　✕　　　　　　✕
資産の取得　　資本的支出　　決算

支出の対象となった資産と同じ種類の資産を新たに取得したと考えればいいのか……！

原則は新たな資産の取得とする

　資本的支出の金額は、その資本的支出の対象となった資産と種類及び耐用年数の同じ資産を新たに取得したものとして取り扱い、資本的支出の対象となった資産とは別の資産として減価償却費の計算を行います。したがって、資本的支出の対象となった資産は、従前の減価償却費の計算をそのまま継続すればよいことになります。

期中に資本的支出を行った場合の減価償却費の計算

　期中に資本的支出を行った場合には、1年分の減価償却費を事業供用日からその事業年度末日までの期間で月割計算します。新たに資産を取得したものとして取り扱うことから、当然の処理といえます。

実践への武装

資本的支出の減価償却計算の特例

　資本的支出の対象となった資産と資本的支出の金額を合算し、一体の資産として減価償却費の計算ができる特例もあります。しかし、この特例は適用対象となる要件が細かく定められており、実務上のメリットもそれ程ないことから、あまり採用されていないようです。

実践への武装

中古資産に対して資本的支出を行ったときの耐用年数

　中古資産の取得時に資本的支出を行った場合に、その資本的支出の額が、その中古資産を新品で取得した場合の取得価額の50%相当額を超える場合には、その資産はもはや中古資産ではなく新品と同様に取り扱うことが妥当といえます。したがって、中古資産としての耐用年数の見積りは認められず、法定耐用年数によることとされています（中古資産の耐用年数はp.54参照）。

　中古資産に対して事後的に資本的支出を行った場合も同様です。

第Ⅶ章　武装トレーニング　➡解答p.161

1．次の支出のうち資本的支出に該当するものはどれか？
　　①　用途変更のための改装
　　②　機械の部品を性能の高い部品へ交換
　　　　（通常の交換に要する金額を超える部分）
　　③　ソフトウエアのバグ取り費用
2．修理・改良等の費用の額が（　　　　）までの場合は、その修理等
　　の内容を問わず、修繕費として処理することができる。
　　①　10万円未満　　②　20万円未満　　③　30万円未満
3．修理・改良等が概ね（　　　　）以内の期間を周期とする場合は、
　　その修理等の内容を問わず、修繕費として処理することができる。
　　①　1年　　②　2年　　③　3年

第VIII章

評価損

1　減価償却資産の評価損

評価損の損金算入はかなり限定したケースのみ認められる

資産が災害により著しく損傷した場合

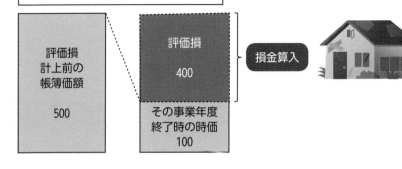

| 評価損 計上前の 帳簿価額 500 | 評価損 400 | 損金算入 |
| その事業年度 終了時の時価 100 | | |

工場の減損損失

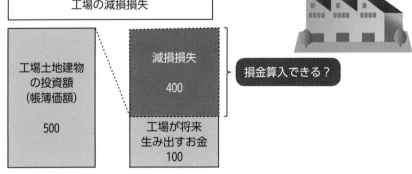

| 工場土地建物 の投資額 （帳簿価額） 500 | 減損損失 400 | 損金算入できる？ |
| 工場が将来 生み出すお金 100 | | |

Q　減損損失とは？

A　その資産が将来稼ぎ出すお金（キャッシュフロー）が、その資産の投資額に満たないと見込まれる場合に計上する損失です。上場会社やその子会社で計上されることがあります。

資産の評価損の損金算入が認められるケース

　資産が災害等により著しく損傷した場合には、損金経理を要件に、評価損を損金算入することが認められています。評価損の金額は、評価替え直前の帳簿価額と評価替えをした事業年度終了の日の時価との差額になります。災害以外にも、その資産を1年以上にわたり使用していない場合や当初の用途とは別の用途に使用することになった場合などに評価損の計上が認められています。

　減価償却資産のみならず土地も評価損の対象ではありますが、単に「相場が下がった」というだけでは評価損の計上は認められません。

実践への武装

実務上困難を伴う評価損の損金算入

　法人税法に資産の評価損の損金算入を認める規定はあるものの、実務上は減価償却資産の評価損を損金算入することにはやや困難が伴います。なぜなら、評価損計上のためにはその減価償却資産の「時価」を算出しなければならないからです。時価とは「その資産をその状態のまま使用することを前提に第三者に売却する場合の売却価格」とされていて、実際に売却しないにもかかわらず、この価格を算出することはかなり難しいのです。したがって、会計上評価損を損失計上したとしても、税務上はその評価損を損金算入していない（法人税の所得計算上加算調整する）ケースが多くみられます。

実践への武装

減損損失は損金算入できるか？

　企業会計上の減損損失も資産の評価損の一種です。災害発生により減損損失を計上する場合は税務上も損金算入できる余地はありますが、減損損失はキャッシュフローを基に計算する一方、税務上の評価損は時価を基に計算するため、全額が損金算入できるとは限りません。そもそも強力なライバル企業の出現や為替変動など、経済環境の変化に基因して収益力が悪化したことで計上する減損損失は損金算入できません。会計上は早め早めに減損損失を計上する傾向があるため、「減損損失」という勘定科目を目にしたら「損金算入できるか？」という視点で確認が必要です。

2 ## 減価償却資産の評価損が損金算入できなかった場合

減価償却費と同様に取り扱われる

Point
- 損金算入できなかった評価損の金額は、減価償却費と合算して損金算入額の計算を行います。

> - 取得価額500　×１年度の期首から事業供用
> - 定額法　税務上の法定耐用年数５年（償却率0.2）
> - 各年度の償却限度額　500×0.2＝100
> - 会計上は×１年度に200の評価損を計上し、残額300について５年間で減価償却を行う。

【×１年度】

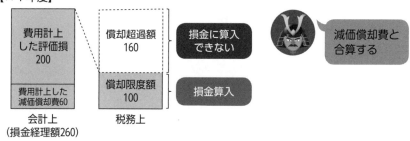

【×２年度】

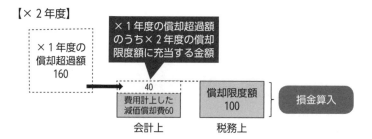

損金算入できなかった評価損のその後

　減価償却資産の評価損は、災害などの損金算入できる事由に該当しなければ損金に算入できません。損金に算入できなかった評価損の金額は、

その後以下のように取り扱われます。

×1年度の処理

　左頁の例では、会計上は×1年度に評価損200を損失計上し、別途減価償却費60を費用計上しています。計上した評価損は、税務上損金に算入できないと判断されたとします。この時、税務上は、×1年度に「償却費として損金経理した金額」はこの2つを合算した260ととらえることにしています。したがって、×1年度の損金算入限度額である100までが損金算入できる金額ということになり、償却超過額160は「加算調整」して翌期以降に繰り越します。

×2年度以降の処理

　税務上の償却限度額が100なのに対し、会計上は評価損計上後の取得価額に基づき60の減価償却費を計上しています。会計上の減価償却費が償却限度額に満たない場合（償却不足額がある場合）、過年度の償却超過額があればその償却不足額に充当することができます。そこで、×2年度は、×1年度償却超過額160のうち40を×2年度の償却不足額に充当し、「減算調整」することにより損金に算入します。×3年度以降も同様に、×1年度の償却超過額のうち40ずつを損金に算入します。

実践への武装

損金算入できなかった評価損の別表記載方法

　申告書別表16（1）などには、「損金経理した金額」を記載することになっています。損金算入できないと判断された評価損の金額は、この「損金経理した金額」に含めて別表に記載します。

第Ⅷ章　武装トレーニング　➡解答p.161

1．資産の評価損の計上が認められるケースはどれか？

　　① 　災害等により著しく損傷した場合

　　② 　当初の用途とは別の用途に使用することになった場合

　　③ 　ライバル企業の出現により収益力が悪化し、減損損失を計上した場合

第Ⅸ章

除却損

1 減価償却資産の除却損

廃棄した日に損金算入する

Point
● 減価償却資産の除却損は、原則として実際に廃棄した日の属する事業年度の損金になります。

【除却損は損金算入できるか？】

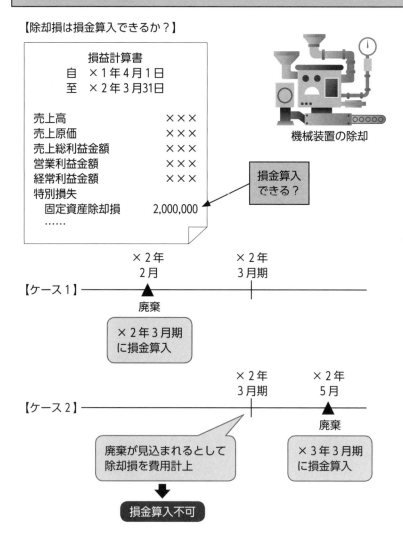

損益計算書
自　×1年4月1日
至　×2年3月31日

売上高	×××
売上原価	×××
売上総利益金額	×××
営業利益金額	×××
経常利益金額	×××
特別損失	
固定資産除却損	2,000,000
……	

機械装置の除却

損金算入できる？

【ケース1】
×2年2月
廃棄

×2年3月期

×2年3月期に損金算入

【ケース2】
×2年3月期

×2年5月
廃棄

廃棄が見込まれるとして除却損を費用計上

×3年3月期に損金算入

損金算入不可

除却損が損金算入できる事業年度は？

　除却とは、資産の使用をやめて、その資産を帳簿から除外することをいいます。減価償却資産の除却損は、実際にその資産が廃棄された事業年度でなければ損金算入は認められません。会計上は期末日までに廃棄することが会社内で決定したということをもって除却損を損失計上することもありますが、期末日までに廃棄がされていない場合、その除却損は単なる見込み額ということになるため、税務上は損金として認められないのです。

除却損計上日の例外－有姿除却

　会社として製造中止を決定した製品の専用機械装置や専用金型などは、実際に廃棄をしていない場合でも除却損の計上が認められる場合があります。これは、廃棄には多額の費用がかかるなどの理由でそのまま放置されているような資産であっても、将来的に使用しないことが明らかであるならば、スクラップとしての価値を残して除却処理できることとするものです。これを有姿除却といいます。

実践への武装

"廃棄した日" の残し方

　減価償却資産の除却は決算対策としても有効です。期末日までに廃棄が済んでいれば、その事業年度の損金になるからです。しかし、計上する除却損の金額が大きいほど気になるのが、資産を廃棄したという事実をどうやって残すかということです。廃棄を廃棄業者に委託する場合には、その業者から廃棄証明書が発行されます。自治体に処分を依頼した場合の廃棄物処理手数料の領収書も廃棄日の証明になります。

第Ⅸ章　武装トレーニング　➡解答p.162

1．資産の除却損の計上は、（　　　）することにより、税務上、損金と
して認められる。

　　①　廃棄することを会社内で決定　　②　実際に廃棄

第X章

償却資産税

あと一息！

1　償却資産税とは

償却資産に課税される固定資産税

> **Point**
> ● 減価償却資産にも固定資産税が課税されます。
> ● 土地建物に課税される固定資産税と区別して"償却資産税"と呼ばれます。

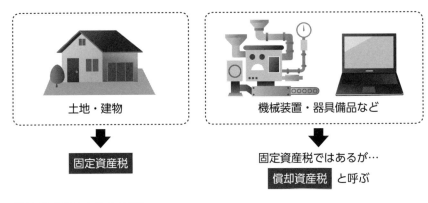

土地・建物 → 固定資産税

機械装置・器具備品など → 固定資産税ではあるが… 償却資産税 と呼ぶ

【償却資産税の申告と納付】

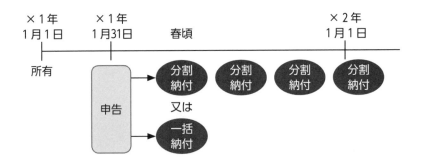

償却資産税とは

　償却資産税は減価償却資産を所有している場合に課税される市町村税です。土地や建物に課税される固定資産税の仲間ですが、償却資産に課税されるものは特に区別して"償却資産税"と呼ばれています。

本書でも、土地建物に課税されるものを固定資産税、償却資産に課税されるものを償却資産税と呼んでいきます。

償却資産税の申告と納付

償却資産税は毎年 1 月 1 日時点で所有している資産に課税されます。法人は、 1 月 1 日時点で所有している償却資産をその年の 1 月31日までに、その資産が所在する市町村（東京都の場合は都税事務所）に申告することとされています（事業年度単位での申告ではありません）。

申告後、その年の春頃に納税通知書（納付書）が送られてきます。 4 分割（又は一括）によりその市町村に納付します。

実践への武装

償却資産税が固定資産税と異なる点

"償却資産税" とは呼ばれていますが、あくまで固定資産税であるため、市町村に納付する税金であること、 1 月 1 日時点で所有している資産に課税されること、春頃に納付書が送られてきて 4 分割又は一括納付することなどは固定資産税と同じです。異なるのは、償却資産税は納税者自らが市町村に申告する必要があることです。土地建物に課税される固定資産税は、納税者が所有している土地建物をわざわざ申告しなくても納付書が送られてきます。これは、土地建物は登記情報により、市町村側で所有者を容易に把握できるからです。償却資産は登記されていないため、納税者から市町村に申告することになっています。

償却資産税の申告書は固定資産台帳から自動的に作成できるシステムがほとんどですので、正しい申告書作成のためには台帳登録を「正しく行うこと！」、これがキホンになります。

実践への武装

償却資産税の納付期限

意外かもしれませんが、償却資産税の納付期限は市町村によって異なります。また納付期限は月末に設定されていないこともありますので、送られてくる納付書を必ず確認して納付漏れがないように注意しましょう。

2　償却資産税の対象となる資産

償却資産税の対象となる資産を"償却資産"と呼ぶ

Point
- 固定資産税や自動車税の対象となるものには償却資産税は課税されません。
- 無形減価償却資産や生物にも課税されません。

【償却資産税の対象となるもの・ならないもの】

資産の種類	ざっくり区分すると… ○＝対象 ×＝対象外	備考
建物	×	固定資産税の対象になるため、償却資産税の対象外となる
建物附属設備	○	建物自体が自己所有である場合の附属設備は償却資産税の対象外となるものがある
構築物	○	
機械装置	○	
船舶	○	
航空機	○	
車両運搬具	×	自動車税・軽自動車税が課されないものは償却資産税の対象になる
工具・器具備品	○	
無形減価償却資産 （ソフトウエア・特許権・営業権など）	×	
生物	×	観賞用・興行用のものは償却資産税の対象になる

ざっくりした区分はこんな感じだ

償却資産とは

　償却資産税の世界では、減価償却資産のうち償却資産税の対象となるものを「償却資産」と呼んでいます。具体的には左頁の表の通りですが、ざっくり区分するならば、減価償却資産のうち以下のもの以外が償却資産に該当すると考えてよいでしょう。

①　その資産の所有に対して他の税金※が課税されるもの

　　※土地建物に対する固定資産税、自動車税、軽自動車税

②　無形減価償却資産

③　生物

実践への武装

償却資産の判定上、建物附属設備は要注意

　建物は償却資産に該当しません。自社が建物を所有している場合、建物に加え建物附属設備も償却資産に該当しなくなる場合があります。建物と一体となって使用されている建物附属設備は、既に建物の価格に含まれて固定資産税の対象となっているため、償却資産税の対象から外す、というのが基本的な考え方だからです。

　ただし、建物附属設備の中でも独立した機器としての性格が強いもの（屋外電気設備・屋外給排水設備等）や特定の業務に使われるもの（飲食店の厨房設備等）は償却資産税の対象とされます。実務上はこの判断が非常に難しいのです。多くの市町村のホームページで償却資産税申告の手引きが公表されていて、償却資産に該当するか否かの例示が掲載されていますので、大いに活用しましょう。

　また、固定資産管理システムから償却資産税申告書を自動的に作成するためには、償却資産に該当するものとしないものを分けて登録する工夫が必要です。面倒だからといって同時期に取得した建物附属設備をまとめて登録すると、償却資産税を無駄に負担することにつながってしまいますので、注意しましょう。

3　償却資産税の対象か否かの判定を誤りやすいもの

よくある判定ミス

> Point
> ● 償却資産税は資産の所有に対して課税される税金です。
> ● 法人の所得計算とは異なる考え方がとられている部分もありますので、混同しないようにしましょう。

【判定を誤りやすいもの】

誤りやすいもの		対象？　対象外？
内部造作	自社で所有している建物の内部造作	償却資産税の対象外（固定資産税の対象）
	賃借している建物の内部造作	償却資産税の対象
賃貸資産・レンタル資産・所有権移転外ファイナンスリース資産		貸し手の償却資産税の対象（借り手側では償却資産税の対象にならない）
稼働していない資産・遊休資産		償却資産税の対象
耐用年数が経過している資産		償却資産税の対象
少額減価償却資産（10万円未満）（p.20参照）一括償却資産（20万円未満）（p.22参照）		償却資産税の対象外
中小企業者等の少額減価償却資産の特例の対象とした資産（30万円未満）（p.24参照）		償却資産税の対象

建物の内部造作

　自社で所有している建物の内部造作は償却資産に該当しません。建物と一体となって固定資産税の対象になっているからです。

　一方、賃借している建物に内部造作を施した場合には、その内部造作には固定資産税が課税されないため、賃借人側で償却資産として申告する必要があります。

賃貸資産・レンタル資産・所有権移転外ファイナンスリース資産

　すべて貸し手（資産の所有者）の償却資産として申告します。

借り手側で所有権移転外ファイナンスリースを資産計上する経理処理を採った場合、そのリース資産は借り手の固定資産台帳に登録することになりますが、借り手側では償却資産税の対象になりません。

稼働していない資産・遊休資産

現に事業の用に供している資産はもちろんですが、事業の用に供する目的で所有されているもので、それが事業の用に供することができる状態にあれば償却資産税の対象になります。一時的に稼働を停止している資産はその資産本来の機能を失ったわけではありませんので、償却資産税の対象です。

耐用年数が経過している資産

耐用年数が経過している資産であっても償却資産税の対象になります。

少額減価償却資産（p.20参照）・一括償却資産（p.22参照）

償却資産税の対象にはなりません。

中小企業者等の少額減価償却資産の特例の対象とした資産（p.24参照）

償却資産税の対象になります。

実践への武装

忘れがちな固定資産台帳管理

取得価額が30万円未満で中小企業者等の少額減価償却資産の特例の対象とした資産に起こりがちなミスがあります。法人税の所得計算上は一時の損金になるため取得時に固定資産台帳への登録を忘れて償却資産税の申告から漏れてしまった、取得時の登録は忘れなかったが除却時の除却処理を忘れてずっと償却資産税を払い続けていた、というものです。もともと費用処理してしまうので、取得から除却までの管理がおろそかになってしまうのです。注意が必要です。

4　償却資産税の計算方法と免税点

償却資産税は「償却資産の評価額合計×1.4％」

Point
- 償却資産税は、その市町村に所在する償却資産の評価額合計に税率1.4％を乗じて計算します。
- 評価額の合計が150万円未満であれば免税となります。

この評価額は市町村が計算してくれます

市町村が評価額を計算する
ために必要な情報は…

●取得価額
●取得年月　　これらを申告書に
●耐用年数　　記載して申告します

資産の種類	評価額①	税率②	償却資産税 ③＝①×②
製品Ａ製造用機械	1,500,000円		
金庫	500,000円		
合計	2,000,000円	1.4％	28,000円

150万円未満なら
その市町村の償却
資産税は免税

150万円未満かどうか
の判定は市町村ごと
（東京都・政令指定都市
は区ごと）に行います

市町村によっては
税率が少し高い場
合もあります

償却資産税の計算方法

償却資産税はその市町村に所在する償却資産の評価額合計に税率（1.4％）を乗じて計算します。

評価額の計算方法

償却資産の評価額は、その資産を旧定率法により償却した場合の未償却残高に相当する金額です。取得初年度の評価額は、取得月にかかわらず半年分の償却を行うこととしているなど、償却資産税特有の計算方法になっていますので、各資産の評価額は市町村側が計算することとされています。

したがって、資産を所有している法人側は、市町村が評価額を計算するために必要な諸情報（資産の取得価額・取得年月・耐用年数）を申告書に記載して申告すればよいことになります。

免税点

市町村が計算した評価額の合計が150万円未満の場合には、その市町村では償却資産税は課税されません。なお、その市町村に所在する償却資産の評価額の合計が150万円未満であることが法人側でわかっていても、その市町村に事業所を有している限り申告書の提出は必要です。

実践への武装

土地建物には都市計画税も課税される

土地建物に課税される固定資産税も税率は1.4％です。ただし、土地建物が所在する地域によっては、固定資産税と一緒に"都市計画税"が課税されている場合があります。都市計画税は市町村の都市計画事業の財源とすることを目的として徴収されるもので、税率の上限は0.3％です。「土地建物の固定資産税の税率は1.7％」と思っていた方は、この都市計画税との合計で税率を覚えていたということです。ちなみに償却資産には、都市計画税は課税されません。

5 償却資産税の申告書

申告書の様式は3種類ある

【申告時提出書類】

		申告する資産	使用する申告書の様式		
			申告書表紙（第26号様式）	種類別明細書（増加資産・全資産用）	種類別明細書（減少資産用）
初めて申告する年	・法人を設立した場合 ・その市町村に初めて事業所を設けた場合	その市町村に所在する全償却資産	○	○（償却資産を所有していない場合は不要）	
翌年以降	資産に増加・減少がない場合		○		
	資産が増加した場合	増加した償却資産	○	○	
	資産が減少した場合	減少した償却資産	○		○
その市町村に事業所を有しないこととなった場合	・法人を清算した場合 ・事業所を移転した場合	減少した償却資産	○		○

償却資産税の申告書

　市町村が評価額を計算するために必要な情報は、各資産の取得価額・取得年月・耐用年数であるため、固定資産台帳に登録している情報をそのまま申告します。ほとんどの固定資産管理システムでは償却資産税の申告書を自動的に作成できます。

　申告書様式のイメージは次頁以降をご覧ください。

実践への武装

とても重要な "償却資産の所在地"

　償却資産税の申告・納付先は法人の所在地ではなく、その償却資産が所在する市町村です。土地建物に課税される固定資産税と同じと考えればわかりやすいでしょう。

　申告書を正しく作成するためには、固定資産台帳に新規資産を登録する際、その資産の所在地に関する情報も正しく登録する必要があります。ほとんどの固定資産管理システムでは所在地情報を番号で管理できるようになっています。ある事業所から別の事業所に資産を移動した場合も固定資産台帳への登録が必要です。同一市町村に複数の事業所がある場合は、その市町村に提出する申告書にはその複数事業所分をまとめて記載します。

　なお、船舶や航空機などの所在地には、特別な取扱いが設けられています。

実践への武装

償却資産税の担当者は年初から気が抜けないのです

　償却資産税の申告書は、毎年1月1日時点で所有している償却資産をその年の1月31日までに申告します。したがって、前年12月までの資産の増減を1月中には固定資産台帳に反映させなければなりません。12月の会計処理を締めないと12月の資産の増減を把握できないため、意外にあわただしい作業になることが多いのです。申告書提出後に「前年取得の資産が出てきた！」ということのないようにしなければなりません。

　ちなみに「償却資産税も法人の事業年度単位で申告する」という勘違いが多いので気を付けましょう。

実践への武装

償却資産税の申告上、建物附属設備は構築物

　償却資産税の申告書には、資産の取得価額・取得年月・耐用年数などとともに、各資産の種類を番号で記載します。資産の種類と番号は以下の通りです。

資産の種類			
1	構築物	4	航空機
2	機械及び装置	5	車両及び運搬具
3	船舶	6	工具器具及び備品

　資産の種類に "建物附属設備" が見当たりませんが、償却資産税の申告書では、建物附属設備は構築物に含めることになっています。

申告書表紙（第26号様式）イメージ

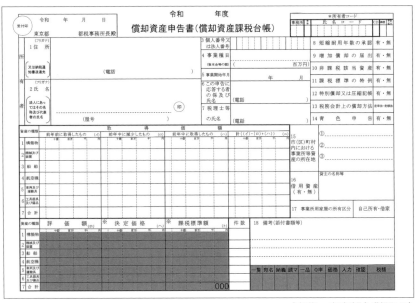

（出典：東京都主税局HP）

種類別明細書イメージ

① 増加資産・全資産用

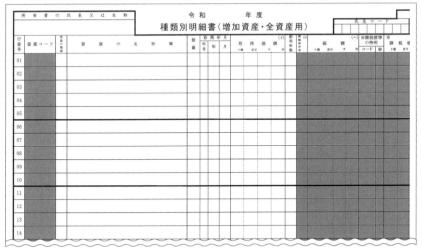

（出典：東京都主税局HP）

② 減少資産用

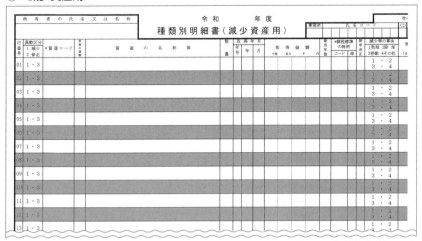

（出典：東京都主税局HP）

第Ⅹ章　武装トレーニング　➡解答p.162

1. 償却資産税は、毎年、（　　　　　　　）時点で所有している資産に課税される。

   ①　決算期末　　②　1月1日　　③　12月31日

2. 償却資産税の対象となる資産の種類はどれか？

   ①　建物

   ②　器具及び備品

   ③　ソフトウエアなどの無形固定資産

3. 次の資産のうち償却資産税の対象となるものはどれか？

   ①　賃借している建物の内部造作

   ②　レンタル資産・所有権移転外ファイナンスリース資産

   ③　稼働していない資産・遊休資産

   ④　耐用年数が経過している資産

   ⑤　少額減価償却資産（10万円未満）

   ⑥　一括償却資産

   ⑦　中小企業者等の少額減価償却資産（30万円未満）

4. 償却資産税は、評価額の合計が（　　　　　　）未満であれば免税とされている。

   ①　30万円　　②　100万円　　③　150万円

5. 償却資産税は、（　　　　　　　）が所在する市町村に申告・納付する。

   ①　法人の本店　　②　償却資産

第XI章

固定資産台帳

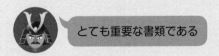 とても重要な書類である

1　固定資産台帳とは

減価償却資産を一元管理するための書類

Point
- 固定資産台帳には減価償却資産に関するありとあらゆる情報が登録されます。
- 固定資産台帳は、法人の適正な決算・申告に直結する非常に重要な書類です。

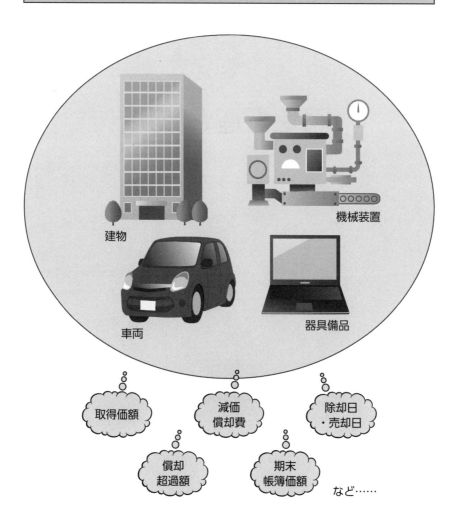

固定資産台帳とは

　固定資産台帳とは、法人が所有する減価償却資産を一元管理するための書類です。法人が減価償却資産に関して行うあらゆる業務が、固定資産台帳に基づいています。

固定資産台帳ですること・できること
●減価償却資産の取得・減少の管理 ●減価償却費として費用計上する金額の算出 ●期末未償却残高（貸借対照表残高）の管理 ●法人税の所得計算上、加算調整・減算調整する金額の算出 ●除却損・売却原価の算出 ●法人税申告書別表の作成 ●償却資産税申告書の作成

実践への武装

非常に重要な固定資産台帳管理業務

　固定資産台帳には減価償却資産に関するありとあらゆる情報が登録されます。

　会計上独自の耐用年数を設定していない限りは、固定資産台帳で計算した償却限度額に基づき減価償却費を費用計上することになり、固定資産台帳上の各資産の期末帳簿価額が貸借対照表残高になります。償却超過額として法人税の所得計算上加算調整する金額も固定資産台帳で計算でき、法人税申告書別表も固定資産管理システムから自動的に作成できます。また、日々の固定資産台帳管理をきちんと行っておけば、毎年1月末の償却資産税申告書作成作業も効率良く進めることができます。このように固定資産台帳管理の業務は、法人の適正な決算や申告に直結する非常に重要な業務なのです。

　固定資産台帳管理の担当者は、常日頃から関係各部署にアンテナを張って情報収集に努め、法人が所有する資産の現況（取得・事業供用の有無・所在場所の移動・除却・売却等）の把握を心がけましょう。

2　固定資産台帳のイメージ

遊休資産があれば償却をストップ

法人が選択した償却方法になっていますか？

期中除却・売却した資産の減少処理を忘れずに！

固定資産台帳
自R3年4月1日～至R4年3月31日

	資産名	数量	償却方法	事業供用年月	耐用年数	償却率	償却月数	取得価額	当期減少取得価額
	【建物】								
1001	本社建物	1	旧定額	H18.4	50	0.020	12	100,000,000	
	資産計　建物							100,000,000	
	【建物付属設備】								
2001	給排水設備	1	旧定率	H18.4	15	0.142	12	3,000,000	
2002	電気設備	1	旧定率	H18.4	15	0.142	12	5,000,000	
	資産計　建物附属設備							8,000,000	
	【車両運搬具】								
4001	営業用車両	1	200%定率	R1.10	6	0.333	12	1,500,000	
	資産計　車両運搬具							1,500,000	
	【器具及び備品】								
5001	金庫	1	250%定率	H24.3	20	0.125		800,000	△800,000
5002	応接セット	1	200%定率	R3.7	5	0.400	9	300,000	
	資産計　器具及び備品							1,100,000	△800,000
	【合計】							110,600,000	△800,000

そもそも社長の個人的な資産が計上されていませんか？　法人の事業のために使用する資産でなければ法人で減価償却費を計上することはできません。

200%定率法を「定率法」、250%定率法を「H19定率法」と表記するシステムもあります

・存在していない資産が登録されたままになっていませんか？
・存在している資産で登録されていないものはありませんか？

期中取得資産は事業供用月から償却が可能

【会計】
減価償却費として計上した金額

【税務】
償却限度額

償却超過額は法人税の所得計算
上加算調整します

期首 帳簿価額	当期 増加額	当期 減少額	当期 償却額	当期償却 限度額	当期償却 過不足額	期末 帳簿価額	期末償却 累計額	備考
73,000,000			1,800,000	1,800,000		71,200,000	28,800,000	
73,000,000			1,800,000	1,800,000		71,200,000	28,800,000	
301,603			42,827	42,827		258,776	2,741,224	
502,668			71,378	71,378		431,290	4,568,710	
804,271			114,205	114,205		690,066	7,309,934	
833,917			277,694	277,694		556,223	943,777	
833,917			277,694	277,694		556,223	943,777	
238,024		△238,024						除却R 3 / 4
	300,000		150,000	90,000	60,000	150,000	150,000	
238,024	300,000	△238,024	150,000	90,000	60,000	150,000	150,000	
74,876,212	300,000	△238,024	2,341,899	2,281,899	60,000	72,596,289	37,203,711	

除却：この金額が除却損に
なります
売却：この金額が売却原価
になります

損益計算書の減価償却費
と一致していますか？

各資産の期末帳簿価額は
貸借対照表の期末残高と
一致していますか？

登録時は資産の所在地情報も登録すること〈償却資産税の申告のため〉

※特別償却・圧縮記帳に関係する記載欄は省略しています。

147

資産名

　各資産に具体的な名称と資産番号を付します。その後の管理のため、番号シールを現物資産に貼り付けて各資産を識別できるようにします。

数量

　40万円で資産を購入。1個なら通常の減価償却を行いますが、5個なら単価が8万円なので、少額減価償却資産として一時の損金にできます。単価算出のため数量は正確に把握しましょう。

償却方法

　法人が選択した償却方法になっているかどうか確認します。使用しているシステムにより償却方法の呼称が異なる場合があります。

事業供用年月

　期中に取得した資産の償却限度額は月割計算が必要です。事業の用に供した年月を正確に入力します。

耐用年数

　資産の種類や構造、用途などにより、法定耐用年数の一覧表（巻末資料参照）で調べて登録します。

償却率

　償却方法と耐用年数に基づき、通常はシステムで自動的に記載されます。

償却月数

　期中に取得したものや期中で使用しなくなったものは、事業の用に供していた月数になっているか確認します。

取得価額

付随費用や事業供用費用が漏れていないか確認します。

減少取得価額

期中に除却・売却した資産は減少処理を忘れずに行う必要があります。

期首帳簿価額

　前期末貸借対照表残高です。システム上で年度繰越処理を行うことで自動的に記載されます。

当期増加額

　期中に取得した資産の取得価額です。各資産の勘定科目の借方増加額と通常は一致します。

当期減少額

　期中に除却・売却した資産の未償却残高です。除却の場合はこの金額が損益計算書に計上する除却損になります。売却の場合はこの金額が売却原価となり、この売却原価をもとに売却損益を計算します。

当期償却額【会計】

会計上減価償却費として費用計上する金額と一致します。

当期償却限度額【税務】

税務上の償却限度額です。

当期償却過不足額

　会計上費用計上した減価償却費と、税務上の償却限度額との差額が記載されます。償却超過の場合（費用計上した減価償却費＞償却限度額　の場合）は、その償却超過額を所得計算上加算調整します。

期末帳簿価額・期末償却累計額

　期末帳簿価額が各資産の貸借対照表残高と一致しているか確認します。貸借対照表の表示方法を間接法としている場合は、各資産の取得価額合計と償却累計額が貸借対照表残高と一致しているか確認します。

その他決算時に確認すること

　決算時には、存在していない資産が固定資産台帳に登録されたままになっていないか、期中で使用を停止した資産は償却をストップしているか、存在している資産で登録されていないものはないかなどを必ず確認します。

これで武装は完璧だな。
これからは実践だ

ありがとうございます！
固定資産台帳の管理は、とても重要な仕事なんですね。
気を引き締めて頑張ります！

第XII章

今後のステップアップのために
～税制改正に注目しよう～

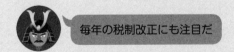 毎年の税制改正にも注目だ

税制改正とは

　税制改正とは、"法人税法"や"消費税法"といった法律を改正することをいいます。税制改正により、例えば、法人税率を23.4％から23.2％に引き下げたり、消費税率を8％から10％に引き上げたり、といったことが行われます。

　日本では、毎年度、税制改正が行われています。なぜ、一旦制定した法律を、わざわざ毎年度見直すのでしょうか。

税制は国づくりそのもの

　過去に行われた税制改正について、その目的の一例を挙げると、次の通りです。

- 企業の成長促進、国際競争力の向上のため、法人税率を引き下げる

- 生産性向上や景気浮揚のため、設備投資や賃上げにインセンティブが働くような（設備投資や賃上げを積極的に行った法人は税金を少なくしますというような）、政策的な制度を創設する

- 人口の都市部への一極集中の解消、及び、地方創生を目的に、地方に本社機能を移転した法人の税金を少なくする制度を創設する

- 少子高齢化が進む中、社会保障の安定的な財源を確保するために、消費税率を引き上げる

　税制は、国や地方自治体の税収の基礎になるのと同時に、個人の購買意欲や、企業の経済活動の意思決定にも作用します。また、国や地方自治体の税収は景気動向に大きな影響を受けますが、一方で、景気を左右する要因のひとつが税制でもあります。

　このように、税制は、日本経済や個人の暮らしに、直接的に大きな影響を及ぼすため、国内外の社会情勢や経済状況に応じて、時代の変化に

即したものに見直していく必要があるわけです。

　日本の国づくりの方向性と、その歳入確保のための税制改正という観点から毎年度の税制改正議論を眺めてみると、税制改正にストーリー性が浮かび上がり、より興味深いものに映るかもしれません。

税制改正の流れ

　毎年12月初旬に、翌年度の税制改正大綱（ぜいせいかいせいたいこう）が公表されます。税制改正大綱は、その後国会に提出される税制改正法案の原案となるもので、各省庁からの税制改正要望を踏まえて作成されます。この税制改正大綱の公表により、翌年度の税制改正の全貌が明らかになるわけですが、その後は国会での審議を経て、3月末までに税制改正法案が可決・成立し、4月1日から新法が施行されるというのが、一般的な税制改正の流れです。

　なお、災害などが発生した場合は、被災者を救済するための税制措置が緊急的に講じられることもあります。

今後のステップアップのために

　本書の読者の皆様が今後更にステップアップしていくためには、毎年度の税制改正の動向に、ぜひ注目してください。

　新聞などでは、12月の税制改正大綱の公表に先立つ秋頃から、翌年度税制改正の内容が報道され始めます。税制改正大綱の公表の翌日には、特集を組んで大綱の内容が詳細に報道されます。

　また、法律施行後の毎年春以降には、財務省や国税庁のウェブサイトで、改正内容を解説したパンフレットが公表されます。重要な改正項目については、国税庁や関連省庁から、随時、「○○に関するQ&A」「○○制度のFAQ」といった情報も公表されます。

　こういった新しい税制の情報に日々アンテナを張り巡らせ、ご自身の知識を常にアップデートしていくことが、今後の着実なステップアップにつながります。

武装トレーニング

解　答

第I章　武装トレーニング

1．法人税の規定では、減価償却費として計上した金額は、（　　　　　　）
　損金にできる。

　　①　無制限に　　　②　償却限度額まで　　　　　➡解説p.4

2．減価償却資産に該当しないものは?

　　①　建物　　　②　商標権　　　③　土地　　　　➡解説p.6

第Ⅱ章　武装トレーニング

1. 減価償却資産を購入した場合の取得価額は、（　　　　　　）である。

   ① 購入代価

   ② 購入代価　＋　付随費用

   ③ 購入代価　＋　付随費用　＋　事業供用費用　　➡解説p.12

2. 取得価額に含めないことができる費用はどれか？

   ① 引取運賃　　② 据付費　　③ 登記のための登録免許税

   ➡解説p.14

3. 複数の減価償却資産を同時に取得した場合の共通費用、一括値引きの処理として正しいものはどれか？

   ① 取得価額に含めず、費用又は収益として処理する。

   ② 購入代金などの比により按分して取得価額に加減算する。

   ➡解説p.16

4. 取得価額が（　　　　　　）の減価償却資産は、すべての法人で取得価額全額を一時に損金算入できる。

   ① 10万円未満　　② 20万円未満　　③ 30万円未満　➡解説p.20

5. 一括償却資産として3年間で損金算入できる制度は、取得価額が（　　　　　　）の減価償却資産について適用が受けられる。

   ① 10万円未満　　② 20万円未満　　③ 30万円未満　➡解説p.22

6. 中小企業者等の少額減価償却資産の特例制度は、取得価額が（　　　　　　）の減価償却資産について適用が受けられる。

   ① 20万円未満　　② 30万円未満　　③ 40万円未満　➡解説p.24

7. 中小企業者等の少額減価償却資産の特例では、取得価額の合計額が年（　　　　　　）に達するまでの金額を損金算入できる。

   ① 100万円　　② 200万円　　③ 300万円　　➡解説p.24

第Ⅲ章　武装トレーニング

1．下記の資産について、選択できる償却方法はどれか？

A　建物、建物附属設備　　（定額法）　・　200％定率法

B　機械装置　　　　　　（定額法）　・（200％定率法）

C　器具及び備品　　　　（定額法）　・（200％定率法）

D　ソフトウエア　　　　（定額法）　・　200％定率法　　➡解説p.30

2．定額法は（　A　）、200％定率法は（　B　）に、耐用年数に応じた
償却率を乗じて計算する方法で、減価償却費は、定額法は（　C　）、
定率法は（　D　）なる。

A　①（取得価額）　　②　帳簿価額

B　①　取得価額　　（②　帳簿価額）

C　①（毎期定額に）　②　初期ほど大きく

D　①　毎期定額に　（②　初期ほど大きく）　　➡解説p.36、p.38

3．200％定率法は、（　　　　　　）以後に取得した減価償却資産に適用
される。

　　①　平成19年４月１日

　（②　平成24年４月１日）

　　③　平成28年４月１日　　➡解説p.32

4．減価償却資産は、（　　　　　　）から減価償却することができる。

　　①　取得の日　（②　事業の用に供した時）　　➡解説p.46

5．法定耐用年数22年、経過年数25年の中古資産を取得した場合の、簡
便法による見積耐用年数は（　　　　　　）である。

　　①　２年　　②　３年　（③　４年）　　➡解説p.54

6．会計上費用計上した減価償却費が、税務上の償却限度額を超える場
合には、償却超過額として法人税申告書で（　　　　　）する。

　（①　加算調整）　　②　減算調整　　➡解説p.62

第Ⅳ章　武装トレーニング

1. 税務上、ファイナンスリース取引は、（　　　　　　）として取り扱われる。

    ① 売買があったもの　　② 賃貸借　　➡解説p.78

2. 税務上、オペレーティングリース取引は、（　　　　　）として取り扱われる。

    ① 売買があったもの　　② 賃貸借　　➡解説p.78

3. 所有権移転外ファイナンスリースによる資産の償却方法はどれか？

    ① 定額法　　② 定率法　　③ リース期間定額法　➡解説p.86

第V章　武装トレーニング

1. 特別償却は、償却限度額が普通償却限度額と特別償却限度額の合計
   額となり、資産の（　　　　　　　）費用化ができる。
   ① 取得価額を超える　　② 取得価額の早期　　➡解説p.94

2. 特別償却は、特別償却準備金として経理する剰余金処分方式が
   （　　　　　）。
   ① 認められる　　② 認められない　　➡解説p.95

3. 中小企業者等が機械等を取得した場合の特別償却は、（　A　）
   機械装置などを取得して国内で行う事業の用に供した場合には、
   （　B　）を含む事業年度で、取得価額の（　C　）の特別
   償却を認める制度である。
   A　① 新品の　　② 中古の　　③ 新品、中古に限定なく
   B　① 取得の日　　② 事業の用に供した日
   C　① 10%　　② 30%　　③ 50%　　➡解説p.98

第Ⅵ章　武装トレーニング

1. 圧縮記帳とは、法人が受領した補助金や保険金に対する法人税の課
   税を（　　）制度である。
   ① 免除する　　② 繰り延べる　　➡解説p.102

第Ⅶ章　武装トレーニング

1．次の支出のうち資本的支出に該当するものはどれか？
　　① 用途変更のための改装
　　② 機械の部品を性能の高い部品へ交換
　　　（通常の交換に要する金額を超える部分）
　　③ ソフトウエアのバグ取り費用　　　　　　　　➡解説p.112

2．修理・改良等の費用の額が（　　　　）までの場合は、その修理等
　　の内容を問わず、修繕費として処理することができる。
　　① 10万円未満　（② 20万円未満）　③ 30万円未満　➡解説p.114

3．修理・改良等が概ね（　　　　）以内の期間を周期とする場合は、
　　その修理等の内容を問わず、修繕費として処理することができる。
　　① 1年　　② 2年　　（③ 3年）　　　　　　　➡解説p.114

第Ⅷ章　武装トレーニング

1．資産の評価損の計上が認められるケースはどれか？
　　① 災害等により著しく損傷した場合
　　② 当初の用途とは別の用途に使用することになった場合
　　③ ライバル企業の出現により収益力が悪化し、減損損失を計上し
　　　た場合　　　　　　　　　　　　　　　　　　➡解説p.120

第Ⅸ章　武装トレーニング

1．資産の除却損の計上は、（　　　）することにより、税務上、損金として認められる。

① 廃棄することを会社内で決定　　② 実際に廃棄　　➡解説p.126

第Ⅹ章　武装トレーニング

1．償却資産税は、毎年、（　　　　）時点で所有している資産に課税される。

① 決算期末　　② 1月1日　　③ 12月31日　　➡解説p.130

2．償却資産税の対象となる資産の種類はどれか？

① 建物

② 器具及び備品

③ ソフトウエアなどの無形固定資産　　➡解説p.132

3．次の資産のうち償却資産税の対象となるものはどれか？

① 賃借している建物の内部造作

② レンタル資産・所有権移転外ファイナンスリース資産

③ 稼働していない資産・遊休資産

④ 耐用年数が経過している資産

⑤ 少額減価償却資産（10万円未満）

⑥ 一括償却資産

⑦ 中小企業者等の少額減価償却資産（30万円未満）　　➡解説p.134

4．償却資産税は、評価額の合計が（　　　　）未満であれば免税とされている。

① 30万円　　② 100万円　　③ 150万円　　➡解説p.136

5．償却資産税は、（　　　　）が所在する市町村に申告・納付する。

① 法人の本店　　② 償却資産　　➡解説p.138

巻末資料

減価償却資産の償却率表（耐用年数2年～100年）

耐用年数(年)	平成19年4月1日以後取得分							平成19年3月31日以前取得分	
	定額法償却率	平成24年4月1日以後取得分の定率法			平成24年3月31日以前取得分の定率法			旧定額法償却率	旧定率法償却率
		定率法償却率	改定償却率	保証率	定率法償却率	改定償却率	保証率		
2	0.500	1.000	—	—	1.000	—	—	0.500	0.684
3	0.334	0.667	1.000	0.11089	0.833	1.000	0.02789	0.333	0.536
4	0.250	0.500	1.000	0.12499	0.625	1.000	0.05274	0.250	0.438
5	0.200	0.400	0.500	0.10800	0.500	1.000	0.06249	0.200	0.369
6	0.167	0.333	0.334	0.09911	0.417	0.500	0.05776	0.166	0.319
7	0.143	0.286	0.334	0.08680	0.357	0.500	0.05496	0.142	0.280
8	0.125	0.250	0.334	0.07909	0.313	0.334	0.05111	0.125	0.250
9	0.112	0.222	0.250	0.07126	0.278	0.334	0.04731	0.111	0.226
10	0.100	0.200	0.250	0.06552	0.250	0.334	0.04448	0.100	0.206
11	0.091	0.182	0.200	0.05992	0.227	0.250	0.04123	0.090	0.189
12	0.084	0.167	0.200	0.05566	0.208	0.250	0.03870	0.083	0.175
13	0.077	0.154	0.167	0.05180	0.192	0.200	0.03633	0.076	0.162
14	0.072	0.143	0.167	0.04854	0.179	0.200	0.03389	0.071	0.152
15	0.067	0.133	0.143	0.04565	0.167	0.200	0.03217	0.066	0.142
16	0.063	0.125	0.143	0.04294	0.156	0.167	0.03063	0.062	0.134
17	0.059	0.118	0.125	0.04038	0.147	0.167	0.02905	0.058	0.127
18	0.056	0.111	0.112	0.03884	0.139	0.143	0.02757	0.055	0.120
19	0.053	0.105	0.112	0.03693	0.132	0.143	0.02616	0.052	0.114
20	0.050	0.100	0.112	0.03486	0.125	0.143	0.02517	0.050	0.109
21	0.048	0.095	0.100	0.03335	0.119	0.125	0.02408	0.048	0.104
22	0.046	0.091	0.100	0.03182	0.114	0.125	0.02296	0.046	0.099
23	0.044	0.087	0.091	0.03052	0.109	0.112	0.02226	0.044	0.095
24	0.042	0.083	0.084	0.02969	0.104	0.112	0.02157	0.042	0.092
25	0.040	0.080	0.084	0.02841	0.100	0.112	0.02058	0.040	0.088
26	0.039	0.077	0.084	0.02716	0.096	0.100	0.01989	0.039	0.085
27	0.038	0.074	0.077	0.02624	0.093	0.100	0.01902	0.037	0.082
28	0.036	0.071	0.072	0.02568	0.089	0.091	0.01866	0.036	0.079
29	0.035	0.069	0.072	0.02463	0.086	0.091	0.01803	0.035	0.076
30	0.034	0.067	0.072	0.02366	0.083	0.084	0.01766	0.034	0.074
31	0.033	0.065	0.067	0.02286	0.081	0.084	0.01688	0.033	0.072
32	0.032	0.063	0.067	0.02216	0.078	0.084	0.01655	0.032	0.069
33	0.031	0.061	0.063	0.02161	0.076	0.077	0.01585	0.031	0.067
34	0.030	0.059	0.063	0.02097	0.074	0.077	0.01532	0.030	0.066
35	0.029	0.057	0.059	0.02051	0.071	0.072	0.01532	0.029	0.064
36	0.028	0.056	0.059	0.01974	0.069	0.072	0.01494	0.028	0.062
37	0.028	0.054	0.056	0.01950	0.068	0.072	0.01425	0.027	0.060
38	0.027	0.053	0.056	0.01882	0.066	0.067	0.01393	0.027	0.059
39	0.026	0.051	0.053	0.01860	0.064	0.067	0.01370	0.026	0.057
40	0.025	0.050	0.053	0.01791	0.063	0.067	0.01317	0.025	0.056
41	0.025	0.049	0.050	0.01741	0.061	0.063	0.01306	0.025	0.055
42	0.024	0.048	0.050	0.01694	0.060	0.063	0.01261	0.024	0.053
43	0.024	0.047	0.048	0.01664	0.058	0.059	0.01248	0.024	0.052
44	0.023	0.045	0.046	0.01664	0.057	0.059	0.01210	0.023	0.051
45	0.023	0.044	0.046	0.01634	0.056	0.059	0.01175	0.023	0.050
46	0.022	0.043	0.044	0.01601	0.054	0.056	0.01175	0.022	0.049
47	0.022	0.043	0.044	0.01532	0.053	0.056	0.01153	0.022	0.048
48	0.021	0.042	0.044	0.01499	0.052	0.053	0.01126	0.021	0.047
49	0.021	0.041	0.042	0.01475	0.051	0.053	0.01102	0.021	0.046

耐用年数(年)	平成19年4月1日以後取得分							平成19年3月31日以前取得分	
	定額法償却率	平成24年4月1日以後取得分の定率法			平成24年3月31日以前取得分の定率法			旧定額法償却率	旧定率法償却率
		定率法償却率	改定償却率	保証率	定率法償却率	改定償却率	保証率		
50	0.020	0.040	0.042	0.01440	0.050	0.053	0.01072	0.020	0.045
51	0.020	0.039	0.040	0.01422	0.049	0.050	0.01053	0.020	0.044
52	0.020	0.038	0.039	0.01422	0.048	0.050	0.01036	0.020	0.043
53	0.019	0.038	0.039	0.01370	0.047	0.048	0.01028	0.019	0.043
54	0.019	0.037	0.038	0.01370	0.046	0.048	0.01015	0.019	0.042
55	0.019	0.036	0.038	0.01337	0.045	0.046	0.01007	0.019	0.041
56	0.018	0.036	0.038	0.01288	0.045	0.046	0.00961	0.018	0.040
57	0.018	0.035	0.036	0.01281	0.044	0.046	0.00952	0.018	0.040
58	0.018	0.034	0.035	0.01281	0.043	0.044	0.00945	0.018	0.039
59	0.017	0.034	0.035	0.01240	0.042	0.044	0.00934	0.017	0.038
60	0.017	0.033	0.034	0.01240	0.042	0.044	0.00895	0.017	0.038
61	0.017	0.033	0.034	0.01201	0.041	0.042	0.00892	0.017	0.037
62	0.017	0.032	0.033	0.01201	0.040	0.042	0.00882	0.017	0.036
63	0.016	0.032	0.033	0.01165	0.040	0.042	0.00847	0.016	0.036
64	0.016	0.031	0.032	0.01165	0.039	0.040	0.00847	0.016	0.035
65	0.016	0.031	0.032	0.01130	0.038	0.039	0.00847	0.016	0.035
66	0.016	0.030	0.031	0.01130	0.038	0.039	0.00828	0.016	0.034
67	0.015	0.030	0.031	0.01097	0.037	0.038	0.00828	0.015	0.034
68	0.015	0.029	0.030	0.01097	0.037	0.038	0.00810	0.015	0.033
69	0.015	0.029	0.030	0.01065	0.036	0.038	0.00800	0.015	0.033
70	0.015	0.029	0.030	0.01034	0.036	0.038	0.00771	0.015	0.032
71	0.015	0.028	0.029	0.01034	0.035	0.036	0.00771	0.014	0.032
72	0.014	0.028	0.029	0.01006	0.035	0.036	0.00751	0.014	0.032
73	0.014	0.027	0.027	0.01063	0.034	0.035	0.00751	0.014	0.031
74	0.014	0.027	0.027	0.01035	0.034	0.035	0.00738	0.014	0.031
75	0.014	0.027	0.027	0.01007	0.033	0.034	0.00738	0.014	0.030
76	0.014	0.026	0.027	0.00980	0.033	0.034	0.00726	0.014	0.030
77	0.013	0.026	0.027	0.00954	0.032	0.033	0.00726	0.013	0.030
78	0.013	0.026	0.027	0.00929	0.032	0.033	0.00716	0.013	0.029
79	0.013	0.025	0.026	0.00929	0.032	0.033	0.00693	0.013	0.029
80	0.013	0.025	0.026	0.00907	0.031	0.032	0.00693	0.013	0.028
81	0.013	0.025	0.026	0.00884	0.031	0.032	0.00683	0.013	0.028
82	0.013	0.024	0.024	0.00929	0.030	0.031	0.00683	0.013	0.028
83	0.013	0.024	0.024	0.00907	0.030	0.031	0.00673	0.012	0.027
84	0.012	0.024	0.024	0.00885	0.030	0.031	0.00653	0.012	0.027
85	0.012	0.024	0.024	0.00864	0.029	0.030	0.00653	0.012	0.026
86	0.012	0.023	0.023	0.00885	0.029	0.030	0.00645	0.012	0.026
87	0.012	0.023	0.023	0.00864	0.029	0.030	0.00627	0.012	0.026
88	0.012	0.023	0.023	0.00844	0.028	0.029	0.00627	0.012	0.026
89	0.012	0.022	0.022	0.00863	0.028	0.029	0.00620	0.012	0.026
90	0.012	0.022	0.022	0.00844	0.028	0.029	0.00603	0.012	0.025
91	0.011	0.022	0.022	0.00825	0.027	0.027	0.00649	0.011	0.025
92	0.011	0.022	0.022	0.00807	0.027	0.027	0.00632	0.011	0.025
93	0.011	0.022	0.022	0.00790	0.027	0.027	0.00615	0.011	0.025
94	0.011	0.021	0.021	0.00807	0.027	0.027	0.00598	0.011	0.024
95	0.011	0.021	0.021	0.00790	0.026	0.027	0.00594	0.011	0.024
96	0.011	0.021	0.021	0.00773	0.026	0.027	0.00578	0.011	0.024
97	0.011	0.021	0.021	0.00757	0.026	0.027	0.00563	0.011	0.023
98	0.011	0.020	0.020	0.00773	0.026	0.027	0.00549	0.011	0.023
99	0.011	0.020	0.020	0.00757	0.025	0.026	0.00549	0.011	0.023
100	0.010	0.020	0.020	0.00742	0.025	0.026	0.00546	0.010	0.023

建物

細　　目	構造又は用途及び耐用年数							
	①鉄骨鉄筋コンクリート造のもの又は鉄筋コンクリート造のもの	②れんが造、石造、又はブロック造のもの	金属造のもの			⑥木造又は合成樹脂造のもの	⑦木骨モルタル造のもの	⑧簡易建物
			③骨格材の肉厚4mmを超えるもの	④骨格材の肉厚3mm超〜4mm以下のものに限る	⑤骨格材の肉厚3mm以下のものに限る			
事務所用又は美術館用のもの及び下記以外のもの	年50	年41	年38	年30	年22	年24	年22	年
住宅用、寄宿舎用、宿泊所用、学校用又は体育館用のもの	47	38	34	27	19	22	20	
飲食店用、貸席用、劇場用、演奏場用、映画館用又は舞踏場用のもの		38	31	25	19	20	19	
飲食店用又は貸席用のもので、延べ面積のうちに占める木造内装部分の面積が3割を超えるもの	34							
その他のもの	41							
旅館用又はホテル用のもの		36	29	24	17	17	15	
延べ面積のうちに占める木造内装部分の面積が3割を超えるもの	31							
その他のもの	39							
店舗用のもの	39	38	34	27	19	22	20	
病院用のもの	39	36	29	24	17	17	15	
変電所用、発電所用、送受信所用、停車場用、車庫用、格納庫用、荷扱所用、映画製作ステージ用、屋内スケート場用、魚市場用又はと畜場用のもの	38	34	31	25	19	17	15	
公衆浴場用のもの	31	30	27	19	15	12	11	

166

細　　目	①鉄筋鉄骨コンクリート造のもの鉄筋コンクリート造のもの又は	②れんが造、石造、又はブロック造のもの	金属造のもの ③骨格材の肉厚4㎜を超えるものに限る	④骨格材の肉厚3㎜超〜4㎜以下のものに限る	⑤骨格材の肉厚3㎜以下のものに限る	⑥木造又は合成樹脂造のもの	⑦木骨モルタル造のもの	⑧簡易建物
工場（作業場を含む。）用又は倉庫用のもの								
塩素、塩酸、硫酸、硝酸その他の著しい腐食性を有する液体又は気体の影響を直接全面的に受けるもの、冷蔵倉庫用のもの（注）	24	22	20	15	12	9	7	
塩、チリ硝石その他の著しい潮解性を有する固体を常時蔵置するためのもの及び著しい蒸気の影響を直接全面的に受けるもの	31	28	25	19	14	11	10	
その他のもの				24	17	15	14	
倉庫事業の倉庫用のもの								
冷蔵倉庫用のもの	21	20	19					
その他のもの	31	30	26					
その他のもの	38	34	31					
木製主要柱が10センチメートル角以下のもので、土居ぶき、杉皮ぶき、ルーフィングぶき又はトタンぶきのもの								10
掘立造のもの及び仮設のもの								7

(注)　①〜③については倉庫事業の倉庫用のものを除き、①及び③については放射性同位元素の放射線を直接受けるものを含む。

建物附属設備

構造又は用途	細　　目	耐用年数	構造又は用途	細　　目	耐用年数
電気設備（照明設備を含む。）	蓄電池電源設備	6	昇降機設備	エレベーター	17
	その他のもの	15		エスカレーター	15
給排水又は衛生設備及びガス設備		15	消火、排煙又は災害報知設備及び格納式避難設備		8
冷房、暖房、通風又はボイラー設備	冷暖房設備（冷凍機の出力が22キロワット以下のもの）	13	エヤーカーテン又はドアー自動開閉設備		12
	その他のもの	15			

構造又は用途	細目	耐用年数
アーケード又は日よけ設備	主として金属製のもの	15
	その他のもの	8
店用簡易装備		3
可動間仕切り	簡易なもの	3
	その他のもの	15
前掲のもの以外のもの及び前掲の区分によらないもの	主として金属製のもの	18
	その他のもの	10

構築物

構造又は用途	細目	耐用年数
鉄道業用又は軌道業用のもの	軌条及びその附属品	20
	まくら木	
	木製のもの	8
	コンクリート製のもの	20
	金属製のもの	20
	分岐器	15
	通信線、信号線及び電燈電力線	30
	信号機	30
	送配電線及びき電線	40
	電車線及び第三軌条	20
	帰線ボンド	5
	電線支持物（電柱及び腕木を除く。）	30
	木柱及び木塔（腕木を含む。）	
	架空索道用のもの	15
	その他のもの	25
	前掲以外のもの 線路設備 軌道設備	
	道床	60
	その他のもの	16
	土工設備	57
	橋りよう	
	鉄筋コンクリート造のもの	50
	鉄骨造のもの	40
	その他のもの	15
	トンネル	
	鉄筋コンクリート造のもの	60
	れんが造のもの	35
	その他のもの	30
	その他のもの	21
	停車場設備	32
	電路設備	
	鉄柱、鉄塔、コンクリート柱及びコンクリート塔	45

構造又は用途	細目	耐用年数
	踏切保安又は自動列車停止設備	12
	その他のもの	19
	その他のもの	40
その他の鉄道用又は軌道用のもの	軌条及びその附属品並びにまくら木	15
	道床	60
	土工設備	50
	橋りよう	
	鉄筋コンクリート造のもの	50
	鉄骨造のもの	40
	その他のもの	15
	トンネル	
	鉄筋コンクリート造のもの	60
	れんが造のもの	35
	その他のもの	30
	その他のもの	30
発電用又は送配電用のもの	小水力発電用のもの（農山漁村電気導入促進法（昭和27年法律第358号）に基づき建設したものに限る。）	30
	その他の水力発電用のもの（貯水池、調整池及び水路に限る。）	57
	汽力発電用のもの（岩壁、さん橋、堤防、防波堤、煙突、その他汽力発電用のものをいう。）	41
	送電用のもの	
	地中電線路	25
	塔、柱、がい子、送電線、地線及び添加電話線	36
	配電用のもの	
	鉄塔及び鉄柱	50
	鉄筋コンクリート柱	42
	木柱	15
	配電線	30
	引込線	20
	添架電話線	30
	地中電線路	25
電気通信事業用のもの	通信ケーブル	
	光ファイバー製のもの	10
	その他のもの	13
	地中電線路	27
	その他の線路設備	21
放送用又は無線通信用のもの	鉄塔及び鉄柱	
	円筒空中線式のもの	30
	その他のもの	40
	鉄筋コンクリート柱	42
	木塔及び木柱	10
	アンテナ	10
	接地線及び放送用配線	10
農林業用のもの	主としてコンクリート造、れんが造、石造又はブロック造のもの	
	果樹棚又はホップ棚	14

構造又は用途	細　　　　目	耐用年数	構造又は用途	細　　　　目	耐用年数
	その他のもの	17		放射性同位元素の放射線を直接受けるもの	15
	主として金属造のもの	14		その他のもの	60
	主として木造のもの	5	コンクリート造又はコンクリートブロック造のもの(前掲のものを除く。)	やぐら及び用水池	40
	土管を主としたもの	10		サイロ	34
	その他のもの	8		岸壁、さん橋、防壁(爆発物用のものを除く。)、堤防、防波堤、トンネル、上水道及び水そう	30
広告用のもの	金属造のもの	20			
	その他のもの	10		下水道、飼育場及びへい	15
競技場用、運動場用、遊園地用又は学校用のもの	スタンド			爆発物用防壁	13
	主として鉄骨鉄筋コンクリート造又は鉄筋コンクリート造のもの	45		引湯管	10
				鉱業用廃石捨場	5
	主として鉄骨造のもの	30		その他のもの	40
	主として木造のもの	10	れんが造のもの(前掲のものを除く。)	防壁(爆発物用のものを除く。)、堤防、防波堤及びトンネル	50
	競輪場用競走路				
	コンクリート敷のもの	15		煙突、煙道、焼却炉、へい及び爆発物用防壁	
	その他のもの	10			
	ネット設備	15		塩素、クロールスルホン酸その他の著しい腐食性を有する気体の影響を受けるもの	7
	野球場、陸上競技場、ゴルフコースその他のスポーツ場の排水その他の土工施設	30			
				その他のもの	25
	水泳プール	30		その他のもの	40
	その他のもの児童用のもの		石造のもの(前掲のものを除く。)	岸壁、さん橋、防壁(爆発物用のものを除く。)、堤防、防波堤、上水道及び用水池	50
	すべり台、ぶらんこ、ジヤングルジムその他の遊戯用のもの	10			
				乾ドック	45
	その他のもの	15		下水道、へい及び爆発物用防壁	35
	主として木造のもの	15		その他のもの	50
	その他のもの	30	土造のもの(前掲のものを除く。)	防壁(爆発物用のものを除く。)、堤防、防波堤及び自動車道	40
緑化施設及び庭園	工場緑化施設	7			
	その他の緑化施設及び庭園(工場緑化施設に含まれるものを除く。)	20		上水道及び用水池	30
				下水道	15
舗装道路及び舗装路面	コンクリート敷、ブロック敷、れんが敷又は石敷のもの	15		へい	20
				爆発物用防壁及び防油堤	17
	アスファルト敷又は木れんが敷のもの	10		その他のもの	40
			金属造のもの(前掲のものを除く。)	橋(はね上げ橋を除く。)	45
	ビチューマルス敷のもの	3		はね上げ橋及び鋼矢板岸壁	25
鉄骨鉄筋コンクリート造又は鉄筋コンクリート造のもの(前掲のものを除く。)	水道用ダム	80		サイロ	22
	トンネル	75		送配管	
	橋	60		鋳鉄製のもの	30
	岸壁、さん橋、防壁(爆発物用のものを除く。)、堤防、防波堤、塔、やぐら、上水道、水そう及び用水用ダム	50		鋼鉄製のもの	15
				ガス貯そう	
				液化ガス用のもの	10
				その他のもの	20
	乾ドック	45		薬品貯そう	
	サイロ	35		塩酸、ふつ酸、発煙硫酸、濃硝酸その他の発煙性を有する無機酸用のもの	8
	下水道、煙突及び焼却炉	35			
	高架道路、製塩用ちんでん池、飼育場及びへい	30			
	爆発物用防壁及び防油堤	25		有機酸用又は硫酸、硝酸その他前掲のもの以外の無機酸用のもの	10
	造船台	24			

構造又は用途	細　　　目	耐用年数
	アルカリ類用、塩水用、アルコール用その他のもの	15
	水そう及び油そう	
	鋳鉄製のもの	25
	鋼鉄製のもの	15
	浮きドック	20
	飼育場	15
	つり橋、煙突、焼却炉、打込み井戸、へい、街路灯及びガードレール	10
	露天式立体駐車設備	15
	その他のもの	45
合成樹脂造のもの(前掲のものを除く。)		10
木造のもの(前掲のものを除く。)	橋、塔、やぐら及びドック	15
	岸壁、さん橋、防壁、堤防、防波堤、トンネル、水そう、引湯管及びへい	10
	飼育場	7
	その他のもの	15
前掲のもの以外のもの及び前掲の区分によらないもの	主として木造のもの	15
	その他のもの	50

船舶

構造又は用途	細　　　目	耐用年数
船舶法(明治32年法律第46号)第4条から第19条までの適用を受ける鋼船		
漁船	総トン数が500トン以上のもの	12
	総トン数が500トン未満のもの	9
油そう船	総トン数が2,000トン以上のもの	13
	総トン数が2,000トン未満のもの	11
薬品そう船		10
その他のもの	総トン数が2,000トン以上のもの	15
	総トン数が2,000トン未満のもの	
	しゅんせつ船及び砂利採取船	10
	カーフェリー	11
	その他のもの	14
船舶法第4条から第19条までの適用を受ける木船		
漁船		6
薬品そう船		8
その他のもの		10
船舶法第4条から第19条までの適用を受ける軽合金船(他の項に掲げるものを除く。)		9

構造又は用途	細　　　目	耐用年数
船舶法第4条から第19条までの適用を受ける強化プラスチック船		7
船舶法第4条から第19条までの適用を受ける水中翼船及びホバークラフト		8
その他のもの		
鋼船	しゅんせつ船及び砂利採取船	7
	発電船及びとう載漁船	8
	ひき船	10
	その他のもの	12
木船	とう載漁船	4
	しゅんせつ船及び砂利採取船	5
	動力漁船及びひき船	6
	薬品そう船	7
	その他のもの	8
その他のもの	モーターボート及びとう載漁船	4
	その他のもの	5

航空機

構造又は用途	細　　　目	耐用年数
飛行機	主として金属製のもの	
	最大離陸重量が130トンを超えるもの	10
	最大離陸重量が130トン以下のもので、5.7トンを超えるもの	8
	最大離陸重量が5.7トン以下のもの	5
	その他のもの	5
その他のもの	ヘリコプター及びグライダー	5
	その他のもの	5

車両及び運搬具

構造又は用途	細　　　目	耐用年数
鉄道用又は軌道用車両(架空索道用搬器を含む。)	電気又は蒸気機関車	18
	電車	13
	内燃動車(制御車及び附随車を含む。)	11
	貨車	
	高圧ボンベ車及び高圧タンク車	10
	薬品タンク車及び冷凍車	12
	その他のタンク車及び特殊構造車	15
	その他のもの	20
	線路建設保守用工作車	10
	鋼索鉄道用車両	15
	架空索道用搬器	

構造又は用途	細　　　　　目	耐用年数
	閉鎖式のもの	10
	その他のもの	5
	無軌条電車	8
	その他のもの	20
特殊自動車(この項には、別表第2に掲げる減価償却資産に含まれるブルドーザー、パワーショベルその他の自走式作業用機械並びにトラクター及び農林業用運搬機具を含まない。)	消防車、救急車、レントゲン車、散水車、放送宣伝車、移動無線車及びチップ製造車	8
	モータースィーパー及び除雪車	4
	タンク車、じんかい車、し尿車、寝台車、霊きゅう車、トラックミキサー、レッカーその他特殊車体を架装したもの	
	小型車(じんかい車及びし尿車にあつては積載量が2トン以下、その他のものにあつては総排気量が2リットル以下のものをいう。)	3
	その他のもの	4
運送事業用、貸自動車業用又は自動車教習所用の車両及び運搬具(前掲のものを除く。)	自動車(二輪又は三輪自動車を含み、乗合自動車を除く。)	
	小型車(貨物自動車にあつては積載量が2トン以下、その他のものにあつては総排気量が2リットル以下のものをいう。)	3
	その他のもの	
	大型乗用車(総排気量が3リットル以上のものをいう。)	5
	その他のもの	4
	乗合自動車	5
	自転車及びリヤカー	2
	被けん引車その他のもの	4
前掲のもの以外のもの	自動車(二輪又は三輪自動車を除く。)	
	小型車(総排気量が0.66リットル以下のものをいう。)	4
	その他のもの 貨物自動車	
	ダンプ式のもの	4
	その他のもの	5
	報道通信用のもの	5
	その他のもの	6
	二輪又は三輪自動車	3
	自転車	2
	鉱山用人車、炭車、鉱車及び台車	
	金属製のもの	7
	その他のもの	4
	フォークリフト	4
	トロッコ	
	金属製のもの	5
	その他のもの	3
	その他のもの	
	自走能力を有するもの	7
	その他のもの	4

工具

構造又は用途	細　　　　　目	耐用年数
測定工具及び検査工具(電気又は電子を利用するものを含む。)		5
治具及び取付工具		3
ロール	金属圧延用のもの	4
	なつ染ロール、粉砕ロール、混練ロールその他のもの	3
型(型枠を含む。)、鍛圧工具及び打抜工具	プレスその他の金属加工用金型、合成樹脂、ゴム又はガラス成型用金型及び鋳造用型	2
	その他のもの	3
切削工具		2
金属製柱及びカッペ		3
活字及び活字に常用される金属	購入活字(活字の形状のまま反復使用するものに限る。)	2
	自製活字及び活字に常用される金属	8
前掲のもの以外のもの	白金ノズル	13
	その他のもの	3
前掲の区分によらないもの	白金ノズル	13
	その他の主として金属製のもの	8
	その他のもの	4

器具及び備品

構造又は用途	細　　　　　目	耐用年数
家具、電気機器、ガス機器及び家庭用品(他の項に掲げるものを除く。)	事務机、事務いす及びキャビネット	
	主として金属製のもの	15
	その他のもの	8
	応接セット	
	接客業用のもの	5
	その他のもの	8
	ベッド	8
	児童用机及びいす	5
	陳列だな及び陳列ケース	
	冷凍機付又は冷蔵機付のもの	6
	その他のもの	8
	その他の家具	
	接客業用のもの	5
	その他のもの	
	主として金属製のもの	15
	その他のもの	8
	ラジオ、テレビジョン、テープレコーダーその他の音響機器	5
	冷房用又は暖房用機器	6
	電気冷蔵庫、電気洗濯機その他これらに類する電気又はガス機器	6

構造又は用途	細　　　　目	耐用年数
	氷冷蔵庫及び冷蔵ストッカー(電気式のものを除く。)	4
	カーテン、座ぶとん、寝具、丹前その他これらに類する繊維製品	3
	じゆうたんその他の床用敷物	
	小売業用、接客業用、放送用、レコード吹込用又は劇場用のもの	3
	その他のもの	6
	室内装飾品	
	主として金属製のもの	15
	その他のもの	8
	食事又はちゆう房用品	
	陶磁器製又はガラス製のもの	2
	その他のもの	5
	その他のもの	
	主として金属製のもの	15
	その他のもの	8
事務機器及び通信機器	謄写機器及びタイプライター	
	孔版印刷又は印書業用のもの	3
	その他のもの	5
	電子計算機	
	パーソナルコンピュータ(サーバー用のものを除く。)	4
	その他のもの	5
	複写機、計算機(電子計算機を除く。)、金銭登録機、タイムレコーダーその他これらに類するもの	5
	その他の事務機器	5
	テレタイプライター及びファクシミリ	5
	インターホーン及び放送用設備	6
	電話設備その他の通信機器	
	デジタル構内交換設備及びデジタルボタン電話設備	6
	その他のもの	10
時計、試験機器及び測定機器	時計	10
	度量衡器	5
	試験又は測定機器	5
光学機器及び写真製作機器	オペラグラス	2
	カメラ、映画撮影機、映写機及び望遠鏡	5
	引伸機、焼付機、乾燥機、顕微鏡その他の機器	8
看板及び広告器具	看板、ネオンサイン及び気球	3
	マネキン人形及び模型	2
	その他のもの	
	主として金属製のもの	10
	その他のもの	5
容器及び金庫	ボンベ	
	溶接製のもの	6

構造又は用途	細　　　　目	耐用年数
	鍛造製のもの	
	塩素用のもの	8
	その他のもの	10
	ドラムかん、コンテナーその他の容器	
	大型コンテナー(長さが6メートル以上のものに限る。)	7
	その他のもの	
	金属製のもの	3
	その他のもの	2
	金庫	
	手さげ金庫	5
	その他のもの	20
理容又は美容機器		5
医療機器	消毒殺菌用機器	4
	手術機器	5
	血液透析又は血しよう交換用機器	7
	ハバードタンクその他の作動部分を有する機能回復訓練機器	6
	調剤機器	6
	歯科診療用ユニット	7
	光学検査機器	
	ファイバースコープ	6
	その他のもの	8
	その他のもの レントゲンその他の電子装置を使用する機器	
	移動式のもの、救急医療用のもの及び自動血液分析器	4
	その他のもの	6
	陶磁器製又はガラス製のもの	3
	主として金属製のもの	10
	その他のもの	5
娯楽又はスポーツ器具及び興行又は演劇用具	たまつき用具	8
	パチンコ器、ビンゴ器その他これらに類する球戯用具及び射的用具	2
	ご、しようぎ、まあじやん、その他の遊戯具	5
	スポーツ具	3
	劇場用観客いす	3
	どんちよう及び幕	5
	衣しよう、かつら、小道具及び大道具	2
	その他のもの	
	主として金属製のもの	10
	その他のもの	5
生物	植物	
	貸付業用のもの	2
	その他のもの	15

構造又は用途	細 目		耐用年数
前掲のもの以外のもの	動物		
		魚類	2
		鳥類	4
		その他のもの	8
	映画フィルム(スライドを含む。)、磁気テープ及びレコード		2
	シート及びロープ		2
	きのこ栽培用ほだ木		3
	漁具		3
	葬儀用具		3
	楽器		5
	自動販売機(手動のものを含む。)		5
	無人駐車管理装置		5
	焼却炉		5
	その他のもの		
		主として金属製のもの	10
		その他のもの	5
前掲する資産のうち、当該資産について定められている前掲の耐用年数によるもの以外のもの及び前掲の区分によらないもの	主として金属製のもの		15
	その他のもの		8

機械及び装置

設 備 の 種 類 (丸数字は号数)	細 目		耐用年数
①食料品製造業用設備			10
②飲料、たばこ又は飼料製造業用設備			10
③繊維工業用設備	炭素繊維製造設備		
		黒鉛化炉	3
		その他の設備	7
	その他の設備		7
④木材又は木製品(家具を除く。)製造業用設備			8
⑤家具又は装備品製造業用設備			11
⑥パルプ、紙又は紙加工品製造業用設備			12
⑦印刷業又は印刷関連業用設備	デジタル印刷システム設備		4
	製本業用設備		7
	新聞業用設備		
		モノタイプ、写真又は通信設備	3
		その他の設備	10
	その他の設備		10
⑧化学工業用設備	臭素、よう素又は塩素、臭素若しくはよう素化合物製造設備		5

設 備 の 種 類 (丸数字は号数)	細 目	耐用年数
	塩化りん製造設備	4
	活性炭製造設備	5
	ゼラチン又はにかわ製造設備	5
	半導体用フォトレジスト製造設備	5
	フラットパネル用カラーフィルター、偏光板又は偏光板用フィルム製造設備	5
	その他の設備	8
⑨石油製品又は石炭製品製造業用設備		7
⑩プラスチック製品製造業用設備(他の号に掲げるものを除く。)		8
⑪ゴム製品製造業用設備		9
⑫なめし革、なめし革製品又は毛皮製造業用設備		9
⑬窯業又は土石製品製造業用設備		9
⑭鉄鋼業用設備	表面処理鋼材若しくは鉄粉製造業又は鉄スクラップ加工処理業用設備	5
	純鉄、原鉄、ベースメタル、フェロアロイ、鉄素形材又は鋳鉄管製造業用設備	9
	その他の設備	14
⑮非鉄金属製造業用設備	核燃料物質加工設備	11
	その他の設備	7
⑯金属製品製造業用設備	金属被覆及び彫刻業又は打はく及び金属ネームプレート製造業用設備	6
	その他の設備	10
⑰はん用機械器具(はん用性を有するもので、他の器具及び備品並びに機械及び装置に組み込み、又は取り付けることによりその用に供されるものをいう。)製造業用設備(第20号及び第22号に掲げるものを除く。)		12
⑱生産用機械器具(物の生産の用に供されるものをいう。)製造業用設備(次号及び第21号に掲げるものを除く。)	金属加工機械製造設備	9
	その他の設備	12
⑲業務用機械器具(業務用又はサービスの生産の用に供されるもの(これらのものであつて物の生産の用に供されるものを含む。)をいう。)製造業用設備(第17号、第21号及び第23号に掲げるものを除く。)		7

設備の種類 (丸数字は号数)	細　　目	耐用年数
⑳電子部品、デバイス又は電子回路製造業用設備	光ディスク(追記型又は書換え型のものに限る。)製造設備	6
	プリント配線基板製造設備	6
	フラットパネルディスプレイ、半導体集積回路又は半導体素子製造設備	5
	その他の設備	8
㉑電気機械器具製造業用設備		7
㉒情報通信機械器具製造業用設備		8
㉓輸送用機械器具製造業用設備		9
㉔その他の製造業用設備		9
㉕農業用設備		7
㉖林業用設備		5
㉗漁業用設備(次号に掲げるものを除く。)		5
㉘水産養殖業用設備		5
㉙鉱業、採石業又は砂利採取業用設備	石油又は天然ガス鉱業用設備	
	坑井設備	3
	掘さく設備	6
	その他の設備	12
	その他の設備	6
㉚総合工事業用設備		6
㉛電気業用設備	電気業用水力発電設備	22
	その他の水力発電設備	20
	汽力発電設備	15
	内燃力又はガスタービン発電設備	15
	送電又は電気業用変電若しくは配電設備	
	需要者用計器	15
	柱上変圧器	18
	その他の設備	22
	鉄道又は軌道業用変電設備	15
	その他の設備	
	主として金属製のもの	17
	その他のもの	8
㉜ガス業用設備	製造用設備	10
	供給用設備	
	鋳鉄製導管	22
	鋳鉄製導管以外の導管	13
	需要者用計量器	13
	その他の設備	15
	その他の設備	
	主として金属製のもの	17
	その他のもの	8
㉝熱供給業用設備		17

設備の種類 (丸数字は号数)	細　　目	耐用年数
㉞水道用設備		18
㉟通信業用設備		9
㊱放送業用設備		6
㊲映像、音声又は文字情報制作業用設備		8
㊳鉄道業用設備	自動改札装置	5
	その他の設備	12
㊴道路貨物運送業用設備		12
㊵倉庫業用設備		12
㊶運輸に附帯するサービス業用設備		10
㊷飲食料品卸売業用設備		10
㊸建築材料、鉱物又は金属材料等卸売業用設備	石油又は液化石油ガス卸売設備(貯そうを除く。)	13
	その他の設備	8
㊹飲食料品小売業用設備		9
㊺その他の小売業用設備	ガソリン又は液化石油ガススタンド設備	8
	その他の設備	
	主として金属製のもの	17
	その他のもの	8
㊻技術サービス業用設備(他の号に掲げるものを除く。)	計量証明業用設備	8
	その他の設備	14
㊼宿泊業用設備		10
㊽飲食店業用設備		8
㊾洗濯業、理容業、美容業又は浴場業用設備		13
㊿その他の生活関連サービス業用設備		6
51娯楽業用設備	映画館又は劇場用設備	11
	遊園地用設備	7
	ボウリング場用設備	13
	その他の設備	
	主として金属製のもの	17
	その他のもの	8
52教育業(学校教育業を除く。)又は学習支援業用設備	教習用運転シミュレータ設備	5
	その他の設備	
	主として金属製のもの	17
	その他のもの	8
53自動車整備業用設備		15
54その他のサービス業用設備		12
55前掲の機械及び装置以外のもの並びに前掲の区分によらないもの	機械式駐車設備	10
	ブルドーザー、パワーショベルその他の自走式作業用機械設備	8
	その他の設備	
	主として金属製のもの	17
	その他のもの	8

無形減価償却資産

種　　類	細　　　　目	耐用年数
漁業権		10
ダム使用権		55
水利権		20
特許権		8
実用新案権		5
意匠権		7
商標権		10
ソフトウエア	複写して販売するための原本	3
	その他のもの	5
育成者権	種苗法（平成10年法律第83号）第4条第2項に規定する品種	10
	その他	8
営業権		5
専用側線利用権		30
鉄道軌道連絡通行施設利用権		30
電気ガス供給施設利用権		15
水道施設利用権		15
工業用水道施設利用権		15
電気通信施設利用権		20

種　　類	細　　　　目	耐用年数
なし樹		26
桃樹		15
桜桃樹		21
びわ樹		30
くり樹		25
梅樹		25
かき樹		36
あんず樹		25
すもも樹		16
いちじく樹		11
キウイフルーツ樹		22
ブルーベリー樹		25
パイナップル		3
茶樹		34
オリーブ樹		25
つばき樹		25
桑樹	立て通し	18
	根刈り、中刈り、高刈り	9
こりやなぎ		10
みつまた		5
こうぞ		9
もう宗竹		20
アスパラガス		11
ラミー		8
まおらん		10
ホップ		9

生物

種　　類	細　　　　目	耐用年数
牛	繁殖用（家畜改良増殖法（昭和25年法律第209号）に基づく種付証明書、授精証明書、体内受精卵移植証明書又は体外受精卵移植証明書のあるものに限る。）	
	役肉用牛	6
	乳用牛	4
	種付用（家畜改良増殖法に基づく種畜証明書の交付を受けた種おす牛に限る。）	4
	その他用	6
馬	繁殖用（家畜改良増殖法に基づく種付証明書又は授精証明書のあるものに限る。）	6
	種付用（家畜改良増殖法に基づく種畜証明書の交付を受けた種おす馬に限る。）	6
	競走用	4
	その他用	8
豚		3
綿羊及びやぎ	種付用	4
	その他用	6
かんきつ樹	温州みかん	28
	その他	30
りんご樹	わい化りんご	20
	その他	29
ぶどう樹	温室ぶどう	12
	その他	15

公害防止用減価償却資産

種　　　　類	耐用年数
構築物	18
機械及び装置	5

開発研究用減価償却資産

種　　類	細　　　　目	耐用年数
建物及び建物附属設備	建物の全部又は一部を低温室、恒温室、無響室、電磁しやへい室、放射性同位元素取扱室その他の特殊室にするために特に施設した内部造作又は建物附属設備	5
構築物	風どう、試験水そう及び防壁	5
	ガス又は工業薬品貯そう、アンテナ、鉄塔及び特殊用途に使用するもの	7
工具		4
器具及び備品	試験又は測定機器、計算機器、撮影機及び顕微鏡	4
機械及び装置	汎用ポンプ、汎用モーター、汎用金属工作機械、汎用金属加工機械その他これらに類するもの	7
	その他のもの	4
ソフトウエア		3

【著者紹介】

あいわ税理士法人

代表社員　公認会計士・税理士　**石川　正敏**

代表社員　　　　　　税理士　**杉山　康弘**

2002年11月、藍和共同事務所を母体として設立された税理士法人。多く
の公認会計士・税理士を擁し、会計・税務コンサルティングをはじめ、
株式公開支援、事業承継・相続コンサルティング、企業買収における
デューデリジェンス業務、組織再編・連結納税支援サービスなどを提供
している。
また、各種セミナーの開催、専門誌への情報提供なども積極的に行って
いる。

《本部》

〒108-0075

東京都港区港南 2 - 5 - 3　オリックス品川ビル 4 F

Tel　03-5715-3316　　Fax　03-5715-3318

URL　https://www.aiwa-tax.or.jp

メールアドレス　info@aiwa-tax.or.jp

《大阪事務所》

〒541-0053

大阪市中央区本町 4 - 5 -18　本町YSビル 7 F

Tel　06-6262-2036　　Fax　06-6262-2037

執筆者一覧

佐々木みちよ

税理士　あいわ税理士法人　ナレッジ室　室長
2002年藍和共同事務所（現あいわ税理士法人）入社。大手・中堅企業への組織再編に関するアドバイス業務や連結納税導入前後の税務コンサルティング業務に従事するほか、税務専門誌への寄稿や各種セミナー講師に従事。

尾崎　真司

税理士　あいわ税理士法人　パートナー　元国税不服審判所国税審判官
1999年藍和共同事務所（現あいわ税理士法人）入社。2014年から3年間、国税審判官として国税不服審判所に勤務。大手・中堅企業への税務コンサルティング業務に従事。第41回日税研究賞【税理士の部】選考委員会賞受賞。

永沼　実

税理士　あいわ税理士法人　マネジャー
大手税理士専門学校の講師などを経て、2019年あいわ税理士法人入社。国内の上場企業やそのグループ会社をはじめ、多くのIPO準備企業、ベンチャー企業などに対する税務アドバイス・コンサルティングを行っている。

武装　減価償却

| 令和3年3月20日　初版第一刷印刷 | （著者承認検印省略） |
| 令和3年3月25日　初版第一刷発行 | |

ⓒ　編　者　　あいわ税理士法人

発行所　　税 務 研 究 会 出 版 局

週刊「税務通信」「経営財務」発行所

代表者　　山　根　　毅

郵便番号 100-0005
東京都千代田区丸の内 1-8-2 鉄鋼ビルディング
振替 00160-3-76223
電話〔書 籍 編 集〕03 (6777) 3463
　　〔書 店 専 用〕03 (6777) 3466
　　〔書 籍 注 文〕
　　（お客さまサービスセンター）03 (6777) 3450

―――― 各事業所　電話番号一覧 ――――

北海道 011(221)8348	神奈川 045(263)2822	中　国 082(243)3720
東　北 022(222)3858	中　部 052(261)0381	九　州 092(721)0644
関　信 048(647)5544	関　西 06(6943)2251	

＜税研ホームページ＞　https://www.zeiken.co.jp

乱丁・落丁の場合は、お取替え致します。　　　印刷・製本　東日本印刷株式会社

ISBN 978-4-7931-2606-2